三井物産が変える
人材採用

JN037800

三井物産株式会社
人事総務部

弘文堂

MITSUI & CO.

目次 contents

採用における挑戦と創造　17

第1章　日本の採用を変える　23

はじめに

日本の採用は「三井物産」から変える——古川 智章

1 採用の当たり前を疑う

２０２０年卒学生を対象にした、ダイヤモンド社の就職人気企業ランキングにおいて、当社、三井物産株式会社（以下、三井物産）は、文系男子／文系女子／理系男子／理系女子、そのすべてのカテゴリーで第１位にランクインしました。これは、我々が新卒採用の変革に本気で取り組んだこと、そしてその取り組みを通じて、応募者の皆さんに「人の三井」、「挑戦と創造」という当社のＤＮＡをお伝えすることができた結果だと、大変嬉しく受け止めています。

本書では、当社の人事総務部が中心となって取り組んだ採用変革を一

表１●就職人気企業ランキング

	2019年卒				2020年卒			
	文系男子	理系男子	文系女子	理系女子	文系男子	理系男子	文系女子	理系女子
1位	**三井物産**	三菱商事	東京海上	明治	**三井物産**	**三井物産**	**三井物産**	**三井物産**
2位	三菱商事	**三井物産**	**三井物産**	**三井物産**	三菱商事	三菱商事	東京海上	伊藤忠商事
3位	伊藤忠商事	伊藤忠商事	伊藤忠商事	サントリー	伊藤忠商事	伊藤忠商事	伊藤忠商事	東京海上
4位	東京海上	住友商事	住友商事	伊藤忠商事	東京海上	丸紅	三菱商事	明治
5位	住友商事	サントリー	三菱商事	三菱商事	丸紅	住友商事	住友商事	サントリー

出典：（株）ダイヤモンド・ヒューマンリソース調べ

つの事例として、日本企業全体の新卒採用における慣習、ひいては人生100年時代の働き方に一石を投じることができればと考えています。

「30分の面接×3回で何がわかるのだろう?」という疑問

ご存知のように国内の多くの企業は、「青田買い」など採用選考の早期化とそれに伴う学業への阻害をふせぐため、経団連の指針[1]にのっとって、採用活動を行ってきました。

3月に大学3年生への広報解禁――。
6月に大学4年生への選考が解禁――。
10月に大学4年生への内定解禁――。

入社志望者はエントリーシート提出後に、まず適性検査でふるいにかけられ、次に社員による1次面接を受け、合格者は役職者面接でさらに絞り込まれます。そして最後に役員面接へと臨み、それをクリアしてようやく内定を得ることができます。

企業によって面接回数は異なりますが、内定までの面接はおおよそ3回。1回の面接にかける時間は30分ほどです。短期一発集中型のこの面接手法を、学生たちはもちろん、企業側も「当たり前」として受け入れてきました。当社もその例外ではありませんでした。

1：ただし、原稿執筆当時に適用されていた「指針」は2021年卒の学生までを対象とし、以降は政府主導で方向性が示される方針。

私は入社後、教育配属としてCFO部門に配属され、その後は研修員としてフランスに駐在、入社9年目からは主に子会社の社長や副社長として経営に携わってきました。いわゆる人事のスペシャリストではありません。2016年に採用部門の責任者になって改めて、「三井物産とは何か？」「総合商社の仕事には、どんな人材が向いているのか？」ということを考えるようになりました。

右肩上がりの経済成長が約束された時代なら、お客様に好かれるような人間力や、無理の利く体力、注文に対し即座に応えられる瞬発力を備えていれば仕事になっていたかもしれません。しかし、インターネットの出現によりビジネスは大幅に変化し、生活習慣からイデオロギーまで、これまでの常識では考えられない規模でのパラダイムシフトが起きているいま、企業が求めるべき人材要件も当然変化しているはずです。必要なのは、自ら課題を発見する「課題形成力」、直面する課題を自分で解決する「課題解決力」、そして、変化を起こすことで新しい価値を生み出し、その先で折れない心をもって事業を「やりきる力」を持った人材なのではないか——。

私が、この「やりきる力」を商社パーソンに不可欠であると考えたのには理由があります。それは、私が人事総務部に来る以前に、子会社の経営者として悪戦苦闘してきたことと関係しています。

特に印象に残っているのが、30代前半の頃に初めて経営に携わったeコマースの会社に一緒に出向していた若手社員のことです。当初立てた事業戦略が行き詰った際、彼は文字通り「寝食を忘れて」立て直しに取り組み、誰もがさじを投げかけていた事業を軌道に乗せたのです。

無論、ビジネスプランや戦略を練る頭脳は必要です。しかし、そういうアイデアを出せる人材は案外多いものです。一方、机上の計算と現実とが大きく食い違っていたとき、くじけずに目的を達成しようと課題に立ち向かう力は、誰もが備えているわけではありません。そして総合商社の仕事ではこの力こそが物を言います。今後数十年単位で続くであろう時代の転換期にあっては、未来はさらに不透明感を増し、これまで以上に巨大な困難に直面することになるでしょう。だからこそ、主体的に、我々を取り巻く環境や社会の課題を発見し、そしてそれを「やりきる力」が新卒者の選考で見定めるべきポイントであると思われたのでした。

こうした要件を満たす人材を見つけるには、これまでの慣習にならった採用方法では対応しきれません。私には「30分の面接×3回で何がわかるのだろう?」という素朴な疑問がありました。コミュニケーション能力や論理的思考力であれば、従来の面接でも確認できますが、強い精神力や変化への適応力、課題形成力、やりきる力を30分×3回の面接で見極めるには限界がありました。

変えるのは「精神」ではなく「仕組み」

こうして、我々、三井物産人事総務部は、従来の新卒採用/就職活動が旧弊にとらわれ、機能不全に陥りつつあるという課題を認識し、そして、この課題に率先して取り組むことを決意しました。

しかしながら、「日本の採用を変えたい」という風呂敷は、そのまま取り組むには大きすぎます。そこで扱いやすいように課題を切り分けることにしました。

その結果、まず考えなければいけないのは、「仕組み」だという結論に至りました。

前述の通り、30分×3回の面接では、これからの商社に求められる「やりきる力」をもつ人材を見つけることは困難です。しかし、その解決策として、採用基準のチェック項目に「やりきる力」を加えただけなら、一体どんな事態が予想されるでしょうか?

面接員は限られた面接時間でその有無を判断しなければなりませんから、人によっては、もしかしたら、「あなたには、やりきる力がありますか?」とストレートに質問するかもしれません。あるいは目先を変えて「学生時代に何かをやりきった経験はありますか?」と尋ねるかもしれません。しかしこれで「やりきる力」を見抜くことができるでしょうか?

結局のところ、評価は、

「やる気がありそう」

「目が輝いている」

「サークル、ゼミ、部活などの役職経験者だから(やりきる力があるに違いない)」

あるいは、

「覇気が感じられない」

などという、一人ひとりの面接員の漠然とした印象に左右されることになるだろうと感じました。また、たとえ特定の面接員に「やりきる力」を見抜く力が備わっていたとしても、全社的な広がりとはならず、当社の採用変革という意味では成果を期待できません。

このように考えていくと、面接での質問項目を増やすといった小手先ではなく、選考プロセスの仕組みごと変える必要があったのです。

■「仕組み」づくりに必要な採用チームの「個」

新しい仕組みづくりには新しいチームが必要でした。そこで私は「人の三井を体現したスタッフを集めよう」と考えました。組織人である以前に「個」であることを強烈に自覚した、アントレプレナーシップのかたまりのような人たちです。

「人の三井」というのは外部の方からの評価であり、自ら言うようなものではありません。しかし、三井物産という会社で働いていると、確かに非常に「個」の強い人が多いと実感できます。「これが世に言う、人の三井か」と再認識することもたびたびです。私は、そういうメンバーで構成された組織からこそ、新しい知恵が生まれるはずだと考えたのです。

アメリカのジャーナリスト、J・スロウィッキー[2]は、『「みんなの意見」は案外正しい』の中で、「集団の知恵」を発揮できる賢い集団の成立には4つの要件があるとしています。

1. 意見の多様性（それが既知の事実のかなり突拍子もない解釈だとしても各人が独自の情報を多少なりとももっている）
2. 独立性（他者の考えに左右されない）
3. 分散性（身近な情報に特化し、それを利用できる）
4. 集約性（個々人の判断を集計して集団として一つの判断に集約するメカニズムの存在）

さらに、心理学者のP・テトロックとジャーナリストのD・ガードナーは、その著書『超予測力』の中でチームが成功する条件をこんなふうに述べています[3]。

「『遠巻きにするような態度』でも『誰かが先頭に立ち、指示を与え』てもだめで、たとえ『自分の考えや調査の結果を共有しないほうが気は楽』であり『チームで仕事をするほうが負担は

2：ジェームズ・スロウィッキー／小高尚子訳『「みんなの意見」は案外正しい』（角川書店・2006年）27～28頁。
3：フィリップ・E・テトロック＆ダン・ガードナー／土方奈美訳『超予測力』（早川書房・2016年）260～273頁を要約。

大き』かったとしても『お互いに支援や手伝いをしたり、ともにアイデアを発展させていったり』といった『チームメンバーが違う強みを持ち寄る』ことができれば、チームは個人を凌駕する成績を収めることができる」

自分の意見は「突拍子もないと受け取られそう」だから「他者の意見に倣い」、「身近な情報でなく常識的な線に沿って」いこうと考える人の集まりでは、いくら「集約性」を高めても「集団の知恵」は発揮できません。

選考プロセスの仕組みを変えようという発案を共有し、かつ自分の個性を生かして、私が考えた以上の新しい採用の仕組みを創造したいと強く意識できる人材が必要だったのです。

私は、三井物産の最前線で仕事に没頭している人材の中で、「この人だ」という存在が見つかると上司に相談し、それぞれの現場から採用チームへ引っ張ってくるというお願いをして回りました。そうやって、個性的な人材が集まり、選考プロセスの変革に着手することになりました。本書第1章（24頁）では、これらのいきさつが述べられています。

「本当に商社でいいの？ 本当にその会社でいいの？」
――キャリアとオワハラと企業の本音

学生のエントリーシートを読み、面接で関心事を聞き出してみると、彼らの描いているキャリア像と総合商社の仕事が食い違っていることが往々にしてあります。

たとえば「日本のために働きたい」と志望動機を述べる学生がいたとします。この場合、我々は「本当に商社でいいの？ きみは中央官庁で日本のために働くべきではないの？」と質問をします。

これは皮肉ではありません。旧三井物産[4]を立ち上げた初代社長・益田孝は1863年に幕府の使節団の一員としてフランスを訪問し、当時の欧州と日本の生活レベルの違いに驚き「日本を豊かにしたい」と考え、旧三井物産を作りました。三井物産も日本のために、という高い志を有していますが、あくまでも経済活動を通じて日本に貢献する、というものであり、基本は事業です。言わずもがなですが、事業では利益を出すということが非常に重要です。その「事業をやりたい」という気持ちがなく、「日本のために働きたい」という気持ちで当社に入社しても、後で「ちょっと違う……」ということになってしまいます。従い、事業に興味がなく、日本を豊かにしたいと考えるのであれば、総合商社ではなく中央官庁で辣腕をふるい、日本全体を幸せにしてほしい――このように考えるのは我々の本音でもあるのです。

また、「学生時代にＮＰＯ等に参加した経験から社会貢献をしたい、困っている人を助けたい、と考え

4：戦前の旧三井物産と現在の三井物産とには法律上の継続性はない。別個の企業体である。

御社を志望します」という学生には、我々は「当社は資本主義というシステムの中で株式会社という形態をとっており、その仕事に事業性はあるのか？　投資回収は何年かかるのか？　という議論をする。もちろん、経営理念として『世界中の未来をつくる――大切な地球と人びとの、豊かで夢あふれる明日を実現します』というＭｉｓｓｉｏｎを掲げ（28頁）、その事業の成功が現地の人に雇用を与え、またその社会に貢献すること、ということは考えるが、援助や社会貢献だけを考える会社ではない。それでも、当社で本当にいいの？」と訊きます。

こうした本音のやりとりがミスマッチを防ぐことになります。いくら「日本のために」と意気込んでも、入社してすぐに国を動かすような大仕事を一人で任されることはめったにありません。また、ビジネスですから自社の利益を得るために苦心惨憺する日々が続きます。そんなときに、「こんなはずじゃなかった」と思われるのは、当社にも学生自身にも益のないことです。

このように我々は、従来の「採用する／就職する」という企業と応募学生との関係から少し離れ、「ともにキャリアを考える」という関係を結んでいこうと考えました。

第１章では、こうした活動の延長線上にある「オワハラ・ホットライン」（71頁）についても触れています。

2 社会の変化と採用変革

ホモジニアスな集団のわな
――多様性が企業を伸ばすという確信

２０２１年に入社した社員が定年を迎えるのは２０５０年代後半です。そのとき、世界はどのように変わっているでしょうか。

少なくとも人々の生活は大きく変化しているはずです。生活だけではありません。産業構造やエネルギー、事によっては貨幣制度や国のあり方まで様変わりしているでしょう。終身雇用制度も前時代の遺物となっている可能性大です。現代は10年後、５年後、下手をすると来年のことも予測がつかない不確実な時代です。

たとえば、これまでもウイルス感染症の恐怖を語る人はいました。しかし、２０２０年初頭に新型コロナウイルスが世界をパニックに陥れると予測できた人はほとんどいなかったでしょう。さらに、これが人類の歴史にとってどれほどのインパクトをもち、世界がどのように改変されていくのかにまで範囲を広げると、あらゆる予測の正解率はほとんど占いに等しくなるでしょう。

ただし、間違いなく言えることは、新しい世界の現出までに解決不能に思われる数限りない難問が我々を待ち構えているだろうということです。そして、それを解決した企業だけが生き残り、発展していくだろうということです。

そのためには多くの頭脳を結集しなければなりません。

ところが、いくら優秀な頭脳を結集したとしても、致命傷となりうる欠点があります。

それは、集団のもつホモジニアス（同質性、均質性）という特性です。

近年、当社の社員の多くが、たいへん似た生い立ちをもつようになりました。ほとんどの人が、安全な街に生まれ、裕福な家庭で育ち、幼い頃から塾や習い事に通い、同じプロトコールを身につけ、高い偏差値を誇る中学、高校、大学で優等生として教育を受けているのです。

そして、入社後は同じ釜の飯を食う仲間となります。誰かが意見を言うと「ああ、それね」とすぐに的を射た返事が返ってくる間柄です。一見、すばらしいことのように思えます。上意下達、阿吽の呼吸、忖度は組織運営を円滑に進めるうえで欠かせない要素だと考えられてきたからです。

しかし、こうした環境下で、いつの間にか「三井物産の常識が世界の非常識」になっていたとしたらどうでしょう？

これほど危険なことはありません。

しかし先に述べたように、本書で述べる採用の変革に我々が乗り出す以前、その危険な道を敢えて進んでいるような気がしてなりませんでした。

多くの人とは違う世界観をもつ人、周囲から浮いていても疑問点をごまかさずに課題を見つけ出す人、時に強引と思われるような態度で自分の意見を貫き、躊躇なく行動を起こせる人。そんな異質な個々人と彼らを包含する多様性が、これからの会社経営には必要不可欠です。

■「三井物産に染まるな！」
——キャリア採用が起こす化学変化

こうした考え方を踏まえ、私たちは新卒採用の変革と同時に、キャリア採用についても従来の方法を吟味しました。内容については第2章（77頁）に譲ります。

しかし骨子についてはぜひ、ここで述べておきたいと思います。

当社のキャリア採用の意義は、不足した部署への人員の補填ではありません。三井物産という企業文化に染まっていない人材をinclude／包含すること、です。

彼らに求めるのは、それまで誰も気づかなかった当社の長所や短所、問題や課題、マーケットや仕組みを発見することです。

これがキャリア採用の中核にあります。

したがって我々は、キャリア採用を経て社員となった人たちに対して、「社風に慣れてください」とか「1日も早く物産の一員になってください」などとは言いません。

その代わりに、

「三井物産に染まらないでください」

「三井物産の常識が世界の非常識であることがあれば是非指摘してください」

と強くお願いします。

繰り返しになりますが、それが未来の我が社を支える多様性を担保する道だからです。

3 なぜ挑戦が可能だったのか？ 現状維持は破滅への道

2021年、我々、三井物産人事総務部の挑戦が始まって5年目となりました。新卒採用の仕組みにメスを入れ、どうやら成果を上げつつあるということで、いくつかの企業の人事ご担当者様から興味をもっていただき、セミナー等でお話をする機会をいただくようになりました。そうした講演の際、みなさんが驚かれる点が2つあります。

一つは、

「三井物産のように黙っていても学生が集まる会社ですら、こんなに努力をしているのか」

という点。

そして、もう一つは、

「三井物産のような大企業がよく採用プロセスの変革を実現できましたね」

という点です。

実は我々は、両方ともピンと来ていません。当社には「挑戦と創造」というDNAが根付いているからです。「当たり前」に潜む重大な問題を発見し、深く掘り下げて課題を設定する。さらに、その解決方法をビジネスとし、成果を残す――。

これが我々のやり方だからです。

ことが人事であればなおさらです。

前述の通り、当社は「人の三井」と呼ばれるほど個人の力を大事にしています。

人事に関すること、特に新卒採用に関することは最重要課題の一つと認識され、全社的なバックアップを受けます。今回の変革を実行するに際しても、会社内からの抵抗や反発はまったくありませんでした。逆に大いに挑戦せよと励まされたくらいです。

企業を「法人」と呼ぶことに倣い、当社を一人の人間として観察するのであれば、我々には確かに「挑戦と創造」のDNAが息づいています。さらに言えば、そのDNAを眠らせることなくいつの時代でも繰り返し発現させ続けたことで、「挑戦と創造」は、もはや無意識の行動特性となった、と言えるかもしれません。

知っていただきたいのは歴史ではなく行動特性です。これが当社の未来を決定づけるものです。この点を、社員はもとより、入社を志望する学生やそのご家族にもご理解いただきたいと考えています。

本書では採用プロセスの変革を通じて、我々が切り拓こうとしている日本の未来とその幸福のあり方についても述べています。実はこれが、本書に託した真のテーマです。本書が日本の採用がより良い方向に変わっていくきっかけになることを願っています。

採用における挑戦と創造──清水　英明

1　「採用チームで挑戦と創造をしないか？」

食料ビジネスの最前線で仕事に没頭していた私は、突然の古川からのメッセージをきっかけにして、2017年に採用チームに異動してきました。三井物産の採用を変え、引いては日本の採用を変えていくのだという古川のビジョンに共感したことが異動を希望した理由の一つでもあります。

本書では、なぜ採用における挑戦と創造に取り組むことができたのか、その理由と、具体的な取組事例を紹介することで、日本のより良い採用の実現に貢献できればと考えています。

■採用における「2つのミス」

採用には大きく2つのミスが存在します。

一つは「採用ミス」です。採用する企業側が、学生たちの能力を正しく見極められなかった結果です。

採用基準が明確でなく、論理的な選考が行われていない場合、応募者の採否は、面接員の好き嫌いや思い込みといった主観に左右されてしまいます。また、面接で語られる学生時代の華々しい経歴や体育会部活動等での成績、そして、面接員の質問に対する用意周到な応答に好印象を抱くなど、学生が着込んだ鎧に心を動かされてしまう場面も少なくありません。いずれにしろ、表面に見えている情報が、果たして入社後の成果につながるものか否かが不確かなままに、採用が決まっている可能性が高いのです。

振り返ってみると、学生が志望動機を熱く語り、面接員の話をうまく引き出し、面接員の言うことに深くうなずく――そんな人が面接を通過しやすいという場面は、日本の採用面接では多く見られたのではないでしょうか。

もう一つは「ミスマッチ」です。

学生が想像する企業像と現実の業務内容との乖離によって起きるのがミスマッチです。当社の場合には総合商社の仕事に対する誤解もあるでしょうし、中には仕事内容などそっちのけで、待遇や知名度、就職情報誌などに掲載される人気企業ランキングの順位といった外面的なデータを参考に会社を選んだというケースもあるかもしれません。

つまり、選ぶほうも選ばれるほうも、表面の華々しさばかりに心を奪われて本質をなおざりにした結果、たくさんのミスマッチが生まれてきたのではないか。我々はそのように日本の採用選考の現状を分析しました。

時間をかけて「学生の本音」を浮き彫りにする
——合宿選考という創造

本音とは何でしょうか？　それは自分の本当の姿です。

考えていること、感じていること、一見くだらなそうな直感、ひそかな楽しみ、長年疑問に思ったり、関心があったり、感動したりしたこと——そういったことのすべてを含む、素の姿です。

ひるがえって、前述の「2つのミス（採用ミスとミスマッチ）」が起きている本質的な理由を掘り下げると、互いの「本音」が明らかになっていないからではないかという考えに達しました。学生側は鎧を着て構えてしまう、企業側も綺麗に化粧を施し、着飾った姿しか見せない。これではどちらも本音がわかりません。2つのミスは起こるべくして起こっていたのです。

では、具体的にどうすればミスを防げるか？

この課題を解決する糸口になるかもしれないと思ったのが、古川の発した「30分の面接×3回で何がわかるのか?」という問いかけと「合宿選考をやろう」というアイデアです。

古川は、合宿選考のアイデアを「インターンシップ」から思いついたと言います。

インターンシップとは、ご存知のように、就職活動とは関係なく、学生たちのキャリア教育の一環として行われる職場や仕事の実地研修のことです。

インターンシップは複数日にわたります。大人でも、数日にわたりネコを被ったまま過ごすのは難しいはずです。つい「本音」が出ます。そのとき、企業側は、学生の人となりを垣間見ることができます。一方、学生側も企業の内側に飛び込むわけですから、外からは窺い知れない企業風土や社員の特徴にふれることができます。

このインターンシップと同じように、長い時間をかけて学生と企業とが接することができれば、少なくとも通常の選考より高い精度で、互いの「本音」を見極められるはずだと考えたのです。

そこで、6月に始まる通常選考とは別枠を設けて、希望する学生を集め「合宿選考」を行うことにしました。

参加者には「ありのままの自分でぶつかって、思いっきり楽しんでください」と伝えました。「商社はこういう人物を求めているのだろう……」と本来の自分を偽って内定を得たとしても、幸せな社会人人生を送ることはできないからです。加えて、合宿選考を通じて我々が見ているのは「この会社で活き活きと、幸せそうに働いてくれるか？」だとも伝えました。これらのメッセージは、第1回目の合宿選考から現在に至るまで変わっていません。

本書第1章（36頁）では、合宿選考のきっかけからチームによるコンテンツ作り、その効果について述べていきます。

先に一言だけ述べておきたいのは、合宿選考では、30分×3回の採用面接では見落とされてきた「隠れたリーダーシップ」や「責任感」といった学生の資質に気づくことができたという点です。また、合格とならなかった参加者の納得感が高いことも合宿選考の特徴です。合宿で寝食をともにするあいだに、参加者の誰が当社にマッチした人材なのか、学生自身にもわかるようなのです。

2 採用をロジックで

企業の「人を見る目」は正しいのか？
——通常選考の変革という挑戦

とはいえ、合宿選考の導入で、従来の採用における課題や、2つのミスがすべて解決できるわけではありません。

そこで次に焦点を合わせたのは、通常選考の「面接員」です。

面接員の役割を担うのは、現場社員や役員であることがほとんどです。ところが従来、彼らに対するトレーニングは限定的でした。加えて、面接員の目線の正しさを分析することはほとんど行われていませんでした。つまり、学生のどんな点を評価し、どんな学生を採用するのかについては、その多くが面接員それぞれの裁量や主観に任されてきたのです。そこで、学生評価の視点や採用面接での質問の構造化などといった面接員トレーニングの再構築と、面接結果の数値化と分析などに取り組みました。この実施過程において、我々は採用に関する多くの知見を獲得しました。

こういったさまざまな採用における挑戦と創造を実現するプロセスにおいて、採用チーム内で数々の意見交換が行われた結果、新しい採用選考の仕組みづくりへの構想が深化／進化していきました。強烈な個性同士が手を組んだチームが、どのような相乗効果を生み、このプロジェクトを成功に導いたのか。これらは他社他業種の採用活動においても、参考になるものが多いのではと感じています。本書では、その取組みのありのままをお伝えしていきたいと思います。

第1章

日本の採用を変える

1 「挑戦と創造」を体現する採用チームをつくる

採用チーム編成のロジック

――「挑戦と創造をする人材」は「挑戦と創造をするチーム」が集める

三井物産は英語で「Mitsui ＆ Company」と表記します。

他の総合商社は「Corporation」を用いています。三井物産が「＆ Company」としているのはなぜでしょう。

それは「Company」には「仲間」の意味があるからです。三井物産は単なる「企業」ではなく、事業を成すことを目的に、三井を旗頭として集まった「仲間」（＝個の集まり）なのです。

「名は体を表す」の言葉通り、当社社員には、三井物産は「個」の集合体であるという意識が強くあります。ビジネスにおいても、トップダウンではなくボトムアップが我々のスタイルです。

「個」が

「こういうことがしたい」

「世の中のこんな課題を解決したい」

「どうしても成し遂げたい」

と主張したことを、

「それは面白い視点だ。ぜひ意見を聞かせてほしい」

「その問題なら、あの人に相談してみよう」

「よし、チャレンジしてみようじゃないか」

と周囲が協力し、かたちにしていくのです。


社員全員が各分野のプロフェッショナルです。議論は上下の別なく行われ、「個」の提案は深く広く掘り下げられていきます。これが三井物産の「自由闊達」というよき伝統であり、こうした開かれた議論を経ることで、「個」の発したアイデアはより大きく、先進的なビジネスへ発展していくのです。またその過程で「個」自身も成長し、成長した「個」は次なるアイデアを生み出していく――。これが三井物産の力の源泉なのです。

本書で取り上げる、人事総務部が目指した「日本の採用を変える」という挑戦は、前例のない大掛かりなものとなることが予想されました。それをやり切るには、当社の全社的な取り組みが必要でした。

そこで最初に手がけたのは、豊富なアイデアと、遠慮なく議論を戦わせることのできる真摯な姿勢、プロジェクトを少しでも高いレベルへ発展させようとする気概、そして困難なプロジェクトをやりきる力を併せ持った社員からなる「採用チーム」を立ち上げることでした。当社が標榜する「挑戦と創造」という言葉を用いれば、「挑戦と創造をする採用チーム」だからこそ「日本の採用を変える」という大きなテーマに正面から向き合うことができるというわけです。

なぜ、「挑戦と創造をする採用チーム」の編成が可能だったのか
——三井物産の本質を体現する者たち

最初に人事総務部が注目したのは、当時、食料本部の最前線の現場で仕事に没頭していた清水英明でした。

その当時、清水は学生のアドバイザーとして、インターンシップに協力してくれていました。その際のコミュニケーション能力の高さや社内での評判から、彼はこの重要なプロジェクトの中心となって働いてくれそうだと確信したのです。

我々が見込んだ通り、入社10年目だった清水は「さまざまな地域や人の可能性が広がるような仕事」を手掛けたい、そして「いつか経営を担えるようになりたい」と常日頃から考えていたという、高い挑戦マインドを秘めた人間でした。さらに新しい採用プロジェクトの構想にも深く共感してくれました。新しい採用チームにはうってつけの人材だったのです。

清水を皮切りとして、同じように、強い思いとやりきる力をもった多彩な人材を、一人ひとり集めて

いきました。

彼らはすでに、それぞれの部門において成果をあげ、なくてはならない存在となっていました。そんな人材を営業の最前線から引き抜くのですから、普通なら大きな抵抗に遭うに違いありません。しかし、そうはなりませんでした。

繰り返しになりますが、当社は、外部の方から「人の三井」と言われるほど「人材こそが最重要な資産である」という共通認識が高く、「採用力の向上は三井物産という会社にとって常に優先度の高いテーマである」という共通認識がすでにあったからです。各部門にとって人材の引き抜きが「痛い」のは当然でした。しかし「採用のことだから」ということで、彼らは積極的に人事総務部の取り組みに協力してくれたのです。

こうして新しい採用チームが組成されていきました。

仕組みづくりの過程で認識を共有する

個性的な面々を集めた採用チームでしたが、彼らがチームとして機能するには、全員が高いモチベーションで同じ課題に向き合えるような働きかけが必要でした。そのためにはチーム全員の依って立つ理念が必要です。

たとえば、当社には、自社の使命、目指す姿、価値観や行動指針について、2020年に策定した経営理念があります。

【三井物産の経営理念（MVV）】[1]

Mission

世界中の未来をつくる

――大切な地球と人びとの、豊かで夢あふれる明日を実現します。

Vision

360° business innovators

――一人ひとりの「挑戦と創造」で事業を生み育て、社会課題を解決し、成長を続ける企業グループ。

1：三井物産ウェブサイト「経営理念」参照〈https://www.mitsui.com/jp/ja/company/outline/idea/index.html〉最終アクセス：2021年7月現在

Ｖａｌｕｅｓ

「挑戦と創造」を支える価値観

――変革を行動で

私たちは、自ら動き、自ら挑み、常に変化を生む主体であり続けます。

――多様性を力に

私たちは、自由闊達な場を築き、互いの力を掛け合わせ最高の成果を生みます。

――個から成長を

私たちは、常にプロとして自己を高め続け、個の成長を全体の成長につなげます。

――真摯に誠実に

私たちは、高い志とフェアで謙虚な心を持ち、未来に対して誇れる仕事をします。

ＭＶＶを明確にし、それを徹底することは、チームに大きな力をもたらします。当社６０００人の多彩な個性が、このＭＶＶのもとにまとまり、一つの力となっているのです。特に重要な判断を迫られたり、新しいことに挑戦したりするときには、さらにＭＶＶの重要性は増していきます。

新しい採用チームの挑戦と創造には前例がありません。あらゆる局面でゼロベースの判断が求められます。そこで、我々採用チームも、自分たちの活動の精神的な支柱となるＭＶＶを設けました。

【採用チームの理念（ＭＶＶ）】

Ｍｉｓｓｉｏｎ

１．「人の三井」の復活

世界に散在する「真の挑戦者」を見つけ出し、獲得すること。獲得したその原石を磨き上げ、戦力化すること。

２．日本の新卒一括採用を変えていく

短期一発面接勝負から、時間をかけてじっくりと。

Ｖｉｓｉｏｎ

常に新しい分野に挑戦し、時代のさきがけとなる手法・企画を提案し続け、内外から「三井物産の採用・育成チームは凄い！」と注目されるプロ集団になること。

Values

Values①

Is that good for MITSUI's future?

(MITSUI's future ＞ What we have said)

Values②

Take a position.

(本質を考えて、考えて、考えて、自分の考えを持って臨む)

Values③

上司を疑え

偉い人のTweetに右往左往しない

(直ぐに反応せず、そのTweetの本質を見極め、Is that good for MITSUI's future? で判断)

Values④

No change, No gain.

(0勝0敗10引き分け ＜ 1勝9敗)

「三井物産の経営理念」と同じく、採用チームの理念は、Ｍｉｓｓｉｏｎが「チームとして果たすべき使命」、Ｖｉｓｉｏｎが「Ｍｉｓｓｉｏｎを実現するためのあるべき姿」、そしてＶａｌｕｅｓが「チームが大事にする価値観と判断基準」を表しています。

中でもＶａｌｕｅｓは、チームが「何に価値を見出し、何を評価するか／しないか」を示し、メンバーが、さまざまな局面で判断を下す際の目安となります。

言葉にしてみると当たり前のことばかりですが、ビジネスの現場で、これほど実践が難しいことはない、ということばかりです。たとえば、周囲の意見に流されたり、立場が上の者の考えをそのまま受け入れてしまったり、「最善」の選択ではなく「無難な」選択をしてしまうといったことは、日常生活でも頻繁に起きていることです。

だからこそ採用チームは、このＶａｌｕｅｓを通じて、メンバーに対して、「徹底的に考えること、そして上司の言うことを（当然、私を含め）鵜呑みにするのではなく、『それは三井物産の将来にとって良いことなのか？』を常に意識し、疑問があれば、上司にとって心地よくないことであっても、遠慮なく議論をする」ことを習慣づけました。

ところが用心に用心を重ねても、チーム全体が「無難」という安易な道に進みそうになることがあります。そんなとき、この【採用チームの理念（ＭＶＶ）】はチームが進むべき方向を示す灯台の光であり羅針盤の針でもあるのです。たとえば、難局においては、リーダーですら妥協に走ろうとする場面に遭遇するかもしれません。そんなとき、年齢やキャリアを問わず、採用チームのメンバーなら誰でも「それは私たちのMVVとは違います」と手を挙げることができるのです。

チームのMVVを実践につなげた要因

理念を実践につなげるのはたいへん難しいものです。それは多くのチームで崇高な理念を掲げながらも、ただのお飾りとなってしまっていることから見てもわかります。

理念の実践にはさまざまな方法があるでしょう。採用チームが用いたのは「上司はビジョンを示し、具体化するのはメンバーたち」というやり方でした。

従来型の組織マネジメントにありがちな「何もかもわかっている経験豊富なリーダーが若い人たちを正しい方向に導く」ようなやり方では、議論は自然と上司の意見へと収れんしてしまい、複数の頭脳が情報と知恵を持ち寄って課題を解決することのメリット——複数の立場で吟味したリスクを回避し、チャンスを拡大すること——が失われてしまうのです。

採用チームでは、上司はビジョンを示すだけです。チームのメンバーは自らの力で課題を発見・設定し、ソリューションを考えていくことになります。この過程で判断基準となるのが、先に述べた【三井物産の経営理念（MVV）】と【採用チームの理念（MVV）】です。このようにして、プロジェクトは磨かれていき、同時にチーム自体のレベルも高まるのです。

■「真の挑戦者」が備える能力と適性

新しい採用チームは、果たすべき使命（Ｍｉｓｓｉｏｎ）のうちの一つを「世界に散在する『真の挑戦者』を見つけ出し、獲得すること。獲得したその原石を磨き上げ、戦力化すること」としました。

では、ここにある「真の挑戦者」とはどんな人を指しているのでしょうか？

当社には、旧三井物産時代に確立した、「トレーディング」というビジネス手法がありました。世界各地に駐在員を派遣し、時間と距離によって生じる情報ギャップを利用して商品を売買するというやり方です。しかし90年代後半からのインターネットの急速な普及、そして21世紀に入り年々加速するモバイルシフトによって、その情報ギャップが小さくなり、総合商社の存在意義が低下することが予想されました。そこで総合商社は「事業へ投資し、運営に関わり、その先でトレーディングをする」という手法へと商売のやり方を変えていきました。現在はさらに進化し、事業へ投資するだけでなく、自分たち自身が事業運営に乗り出し、さらには新しいマーケットを構築していくのが、総合商社の役割となりました。

情報ギャップがビジネス上の武器として利用できた時代には、その情報をいかにつかむかが商社パーソンの仕事にとって重要な課題となっていました。そのために社員は、「お客様に好かれる人柄」「あふれる情熱」「真面目で誠実」といった側面に磨きをかけました。また、新卒採用でもこれらの点が重要視される傾向にありました。

しかし、VUCA[2]の時代と言われ、前述のように総合商社のビジネスモデルが変化し、事業への投資や運営をするようになった現在は、プラスアルファの能力が求められるようになりました。指示される前に、自らが課題を発見し、設定することができる「課題形成力」、そして、そのソリューションを構築し行動に移す「課題解決力」、困難や失敗に遭遇しても粘り強く完遂する「やりきる力」などです。

こうした能力を備えた人が、我々の求める「真の挑戦者」だと言えるでしょう。

さらに、彼らは三井物産という組織の中で仕事をしなければなりません。どんなに前途有為な「真の挑戦者」であっても、発見した課題や達成したい目標が、三井物産全体の目指す未来と一致しなければ、それはミスマッチとなってしまいます。採用選考においては、この点もしっかりと見極めなければなりません。

採用チームは、これらの条件を満たす人材を獲得するための、具体的な仕組みづくりに着手しました。

2：Volatility（変動性）、Uncertainty（不確実性）、Complexity（複雑性）、Ambiguity（曖昧性）、それぞれの頭文字をとってつくられた言葉。予測困難な社会状況を表す。

2 合宿選考

ヒントはインターンシップ

ここで再登場するのが、

「30分の面接を3度繰り返したところで何がわかるの?」

という「はじめに」でも紹介した素朴な疑問です。

たとえば「コミュニケーション能力」や「論理的思考力」は、30分の面接でも確認することができるでしょう。しかし、先に述べた「課題形成力」や「課題解決力」「やりきる力」、そして「三井物産との価値観の合致」といった、今まさに物産パーソンに必要とされている能力は、従来の面接方法で確認するには限界があります。

それどころか、30分の面接では、これらの条件にあてはまらない人材を採用してしまう危険性すらあります。

人は概して、一流大学、優秀な成績、海外留学や帰国子女といった経歴、クラブ活動やイベントの運営経験など、先の条件とは何の関係もない、わかりやすいスペックに目を奪われ、「すぐれた人材だ」「いい仕事をしてくれそうだ」と考えてしまいがちです。面接員も例外ではありません。

一方、学生たちも事前に傾向と対策を練り、面接員がいかにも好みそうな経歴やストーリーを語る傾向がありました。

多くの学生が鎧を着こみ、仮面をかぶってしまうのです。

面接では、幼少の頃からスポーツに打ち込んだ話、バックパッカーとして世界中を放浪した話など、さまざまな挫折と再生をめぐる物語が語られます。中には「ぼくはチャレンジャーなんです」と突然宣言する学生もいます。「きみ、すごい経験をしたね」と面接員が思わず身を乗り出すような体験談が飛び出すこともあります。しかし、残念ながら30分の限られた面接時間では、学生たちのすばらしいパーソナリティの一端を感じることはできますが、入社後、優秀な物産パーソンとして活躍できる人材になることまでは確証を得ることができないのです。

さらにやっかいなのは、面接のようにフォーマルな短い時間限定で、すぐれたコミュニケーション能力を発揮する「面接の達人」とも呼ぶべき学生の存在です。入社後、当社で働くにあたってのビジョンもなければ、課題形成力／課題解決力／やりきる力といった物産パーソンに必要な人材要件も満たしていません。ただ、総合商社に入社できれば、安定しているし、モテるし、給料も高いし、ブランド力もあると考えてエントリーしてくる人もいるでしょう。

我々が求める人物にたどりつくためには、こうした志望者を見極め、適切に対応しなければなりません。

そこで採用チームが検討の俎上にのせたのが「合宿選考」という方法でした。合宿というかたちをとれば、長時間にわたって学生たちの言動に触れることができるからです。

発想の原点はインターンシップにありました。

インターンシップとは、本格的な就職活動に先駆けて、学生たちに仕事や会社を体験してもらい、健全な仕事観とキャリア観を育成しようという取組みです。三井物産では毎年メニューに変更を加えながら、数年前からインターンシップを実施してきました。たとえば2018年には2泊3日の宿泊型インターンシップを実施しました。社員との交流、ビジネスについてのケーススタディ、グループディスカッションなどのプログラムを組んでいます。実際の仕事を疑似体験できる企画もあります。

2泊3日は長丁場です。学生たちも緊張感を維持できません。鎧も仮面も脱がざるをえなくなります。我々も学生たちと長時間接することで、肩書きや過去のエピソードに惑わされず、彼らの現在の力とポテンシャルを感じることができます。

このインターンシップで得られたノウハウがヒントとなり、出てきたアイデアが「合宿選考」という採用選考のスタイルでした。

しかしながら、まだどこの企業も試していない、先行事例のない白紙のプロジェクトです。全体のスケジュール、人員の手当て、プログラムの内容や選考基準といった細部を一つひとつ創り上げていかなければなりません。苦労は並大抵ではないでしょう。しかし、これはまさに【採用チームの理念（MV V）】（30頁）に適うプロジェクトでした。人事総務部では反対意見も出ず、メンバー全員がぜひともこのプロジェクトを成功させたいと考えました。

■目的は真の姿を見極めること

合宿選考の実施について、社内調整は比較的簡単に進みました。問題は中身をどうするかです。前例がないので、コンテンツはすべて自分たちでつくらなければなりません。採用チームのメンバー全員が合宿選考の可能性を認めていましたが、実際どんなかたちにし、何を行うかとなると見当もつかないという状態でした。

しかし、そんなときこそ頼りになるのが、先に掲げた理念です。チームは「Values② Take a position.（本質を考えて、考えて、考えて、自分の考えを持って臨む）」を実践しました。

最初に、従来型の「30分の面接」で見ることができていたポイントと、見えていなかったポイントをはっきりとさせました。そして見えていなかったポイントを可視化するために、合宿選考で何をすべきかについて深く掘り下げていくことにしました。つまり、合宿選考の目的を明確にするのです。

チームのメンバーたちは会議やミーティングといった公の場面だけでなく、リラックスした日常の中でも常に課題を頭の片隅に置いて、この問いを繰り返しました。さらに、自分だけで頭をひねるのではなく、社内外の知り合いにも同じ問いを投げかけました。そうして得られたさまざまな知見や思いがけない発想を、今度はチームのメンバー同士でやりとりし、まとめたりこわしたりといったことを繰り返しました。そうしてはじき出された合宿選考の目的は、

「真の姿を見極める」

ということでした。

華やかなスペックや真偽のほどもわからない感動ストーリー、あるいは30分しかもたないコミュニケーション能力で武装した姿ではなく、考えや行動のくせ、抱く理想や価値観、当社への入社を志した真の目的といった本音の部分に、直接アプローチしなければならないと考えたのです。

従来型の30分の面接で、この本音を引き出すのは至難の業です。しかし合宿という長い時間をかければ可能性は高まります。そして、学生たちの本音を聞き出し、先ほど述べた「真の挑戦者」像と重ね合わせれば、おのずと合格者が見えてくるはずです。合宿選考の目的を明確化することができた採用チー

ムは、次にその目的を達成するために、具体的なコンテンツに落とし込む作業にとりかかりました。

■「本音を見極める」コンテンツとは？

合宿選考に挑戦した初年度は、すべての採用を合宿方式で行うのではなく、通常の選考と並行して行うこととしました。「合宿選考」という新たな試みへの参加を通常選考とは別枠で公募すると同時に、通常選考を経て、さらに「じっくり見させてもらいたい」と感じさせた学生にも合宿選考への参加を呼びかけることにしました。

彼らを対象に、2泊3日という時間的制約の中で「真の姿を見極める」という目標を達成するには、どんな時間の使い方が有効なのか。次はここにポイントを置いて、さまざまなイベントのアイデア出しをしていきました。

先に述べた、通常選考では見極めることが難しい要素――「課題形成力」「課題解決力」「やりきる力」、そして「三井物産との価値観の合致」――を確認することができるコンテンツに絞り込むことにしました。

その結果、

①ケーススタディ

②個人面接
③グループディスカッション
④グループディスカッションをふまえたディベート
⑤バーベキュー

という5つのイベントの実施を決定しました。

「①ケーススタディ」はRPG（ロール・プレイング・ゲーム）の一種です。合宿選考の目玉ともいえるので、次項（44頁）で詳しく説明します。

「②個人面接」では、合宿中の体験から得られた日々の気づきや学びについて尋ねます。この個人面接は3日間を通じて実施し、変化への適応力や潜在能力をはかるための手がかりをつかむと同時に、各イベントにおける学生の評価をさらに深掘りして、複数の面接員による複眼で評価ができるように情報を集めます。

「③グループディスカッション」は時間をかけて行います。時間をかけることで、論理的思考力やコミュニケーション能力だけでなく、強い精神力（リーダーシップやストレス耐性）を推しはかることができると考えたからです。これは後述する「スルメ人材」（49頁）を発見するための有効な手段となりました。

また、「④グループディスカッションをふまえたディベート」では意見を戦わせるだけでなく、建設的な意見を提出し、グループを前向きな姿勢にすることができるかという、ビジネスにおいてもっとも重要な資質の有無を確認します。

合宿選考2日目の夜に開催する「⑤バーベキュー」はリラックスした場面での言動も含め、イベント中の行動と当社のValues（29頁）との相性をはかります。学生だけでなく、面接員もバーベキューに参加します。「鎧を脱いだ」リラックスした状態で互いに本音で語り合うための、古くて新しい方法です。また、こうした食事時間だけでなく、合宿期間中の日常行動も選考の対象とします。

合宿選考に参加する学生には「ありのままの自分でぶつかり、思いっきり楽しんでください」「我々が見ているのは、この会社で活き活きと幸せに働いてくれるか、です」と繰り返し伝えます。

さらに、

「三井物産ではこういう人物を求めているのだろうと自分を偽って内定を得たとしても、幸せな社会人生にはならないよ」

と、ミスマッチによって起きる不幸についても説明します。

これらはすべて、我々の本音です。

我々自身が本音を語る――。

これも学生の本音を引き出す手段の一つと考えています。

俳優たちの迫真の演技が学生の仮面を剥いだ——ジョブ・オーディション

前述の5つのコンテンツの中で、もっとも強力な仕組みだと感じたのが、「①ケーススタディ」として行っているRPG（ロール・プレイング・ゲーム）の一種、「ジョブ・オーディション」です。これは元々、企業研修の一環としてIndigo Blue（インディゴ・ブルー）株式会社[3]が「修羅場体験型ケーススタディ」として開発し、実施していたメソッドです。

ゲームは一種の「劇」です。三井物産の一部門に緊急のミッションが与えられたという設定からスタートします。参加学生たちはこの部門の担当者を演じ、苦情を訴える顧客を俳優陣が演じます。プロの俳優ですから、怒鳴り込んだり、泣き出したり、臨場感たっぷりに修羅場が展開されます。人間は修羅場でこそ、本音があらわになります。ここで学生たちがどんな判断をし、どんな態度をとり、どのようにリーダーシップを発揮するのかを観察します。

前述のバーベキューパーティが、主に鎧を脱がせるためのコンテンツだとすれば、このコンテンツは

3：インディゴ・ブルー株式会社〈https://indigoblue.co.jp〉

学生の「仮面を剥ぐ」ためにあるといえるでしょう。

Indigo Blue社は、オリジナルの設定を用意していますが、我々は、彼らの協力のもと、当社の業務を舞台に、総合商社で起こりうる次のようなオリジナルシナリオをつくりました。

――三井物産と関係の深いある化学品メーカーが炭化水素のベンゼンを製造しています。ベンゼンの市況が下落し始めるのではないかという情報がある中で、この化学品メーカーから三井物産に対して、「御社の販売力を使って、なるべく高値で他社に販売してほしい」という要望を受けました。「ベンゼンの市況が下落する前に、より高値でベンゼンを売り抜いてください」と――

参加者グループにはまず、三井物産の担当者になりきってもらいます。そして、このベンゼンを高値で売りぬくというミッションが与えられます。このとき、マーケットにまだ出ていないベンゼン市況下落の可能性があるという情報を、顧客に告げるか否かというジレンマに遭遇します。

顧客にかけあっても興味を示されなかったり、値段の折り合いがなかなかつかなかったりする中で、新規顧客からベンゼン購入の問い合わせ電話が入ります。そこで、価格の下落を伝えずに交渉を始めます。すると、顧客に対してベンゼンを高値で売ることができました。参加者グループ一同は、課題をクリアし、（シナリオ冒頭に出てきた）関係の深い化学品メーカーの希望を満たすことができて胸をなでおろします。ところが、安心したのもつかの間、次のようなシナリオが、参加者グループを待ち受けています。

——ベンゼンの市況が下落したというニュースがマーケットに流れ、さきほどの顧客が、「だまされた」と怒鳴り込んできました。さあ、あなたならどう対処しますか？——

参加学生には引き続き当社の社員になりきってもらい、俳優陣には顧客を演じてもらいます。顧客の役柄は、三井物産と実際に付き合いのある取引先のさまざまな担当者をイメージしながら、3パターン（押し出しの強い中年男性／ロジカルで弁の立つ若い女性／業界経験の浅い人物）を設定しています。

この「ジョブ・オーディション」を採用選考に導入するにあたって、採用チームはまず、このシナリオの中で起きるイベントを考えました。次に、劇の参加者（学生たち）へ伝えておく事前情報を決め、俳優陣のセリフ、参加者の反応に対して俳優陣がどんな演技やセリフを返すのか、といった台本を作成。

台本が完成すると俳優たちとリハーサルを行いました。リハーサルでは、実際のビジネスの現場にそぐわない点を細かく修正します。そして本番を迎えました。

参加者は1グループ5〜6人で、全部で6グループに分かれ、グループごとに部屋を分けます。学生全員が当社の社員役として参加し、グループ全体で課題に取り組みます。6グループとも同じテーマで成果を競います。

各グループには2人のアセッサー（面接員）が立ち会い、交渉や会話の成り行きを見守ります。アセッサーは採用チームのスタッフに加えて人事総務部の部員も担当します。論理的思考力、責任感、リーダーシップの有無などの基準をもとに、個々のアセッサーが評価を行います。

交渉は、役柄になりきった俳優陣が、別の部屋からかけてくる問い合わせ電話でスタートします。ここから2時間半から3時間という長丁場のロールプレイング（劇）が始まります。

学生たちにセリフは用意されていません。どの学生がどういう場面で何を言い、どんな行動をとるのか。それが選考対象です。

最初は学生たちも、アセッサーの目を気にして慎重な姿勢で臨んでいるように見えます。しかし劇が熱を帯びてくると、徐々にアセッサーの存在を忘れていきます。

ロールプレイングのスタート間もない頃は積極的にリーダーシップをとっていた学生が、時間の経過とともに存在感を失くしていくことがあります。このロールプレイングは参加学生全員で取り組む、いわば団体競技ですから、的外れな提案や無責任な姿勢、冷笑的な態度、他罰的な言動などで他の参加者の足を引っ張っていると、その学生に対するグループ内の視線や意識が自然に変化し、信頼度が低下していくのです。もちろん、その逆もあります。最初は目立たなかった学生が粘り強い交渉力を発揮し、時間を経るごとに存在感を増してゆくというケースです。

また、長時間ですから、つい我を忘れることがあります。顧客が怒鳴り込んでくる修羅場では、学生たちの本音がむきだしになります。激しくしつこい抗議をした顧客がようやくその場から立ち去った途端、「あいつ、本当に面倒くさい」と舌打ちしてしまう学生がいたり、顧客に対して失言をしてしまった仲間のミスをカバーしようと懸命になる学生がいる一方で、ライバルを蹴落とすチャンスとばかりにミスを非難し追い打ちをかける学生もいます。まるで、テレビのリアリティ番組でも見ているかのようです。30分の面接では決して知ることができなかった、学生たちの本音が露わになります。

ただし、これはあくまで採用選考のためのロールプレイングです。学生たちの言動の善悪は選考の対象ではありません。行動から明らかになる学生の本音や価値観が、【三井物産の経営理念（MVV）】（28頁）に適うか、あるいは、入社後にその能力を存分に発揮し、彼らが充実した社会人人生を送る姿をこの劇から想像することができるかどうかが、評価の基準です。

この手法はその後、随時改良の手を加えています。たとえばシナリオを大きく変更したり、顧客役を当社の社員が務めるといった工夫です。当社の社員を劇に加えたのは、総合商社の取引の現場を実際に体験している我々のほうが迫力を出せる場面も多いと判断したからです。

このように、多くの要素の評価に適している「ジョブ・オーディション」ですが、回を重ねてみると課題も見つかりました。それは、アセッサー（面接員）の目が、積極的に前へ出る学生に集まってしまうという点です。ご存知のように、実際のビジネスでは地道な仕事がほとんどです。そして、そこで汗をかけるか否かが勝負を決するケースが数多くあります。

ただし、そういった目立たないところで汗をかける人材の評価も、ジョブ・オーディション以外のイベントと合わせれば、十分可能であるという点も合宿選考の強みです。

2つの成果を残した合宿選考
——スルメ人材の獲得と学生たちへの影響

合宿選考は、2つの成果を上げることができました。

一つめは、いわゆる「スルメ人材」に出会えたことです。

「スルメ人材」は「最初は味気ないが、噛めば噛むほど味が出る人」という意味です。瞬発的なコミュニケーション能力が特別高いわけではない。したがって、従来型（30分×3回）の面接では目立つ存在ではない。しかし、合宿選考で3日間をともに過ごしてみると、責任感やリーダーシップ、忍耐力があるため、いつの間にか同じグループの面々から頼られている、というタイプです。特に合宿選考内の「ジョブ・オーディション」や「グループディスカッション」が、このスルメ人材を発見する有力なコンテンツだとわかりました。

この「スルメ人材の発見」のように、従来型の選考では測ることが難しい「課題形成力」「課題解決力」「やりきる力」、そして「三井物産との価値観の合致」という要素を抽出し、評価することができたのは、合宿選考の最大の成果です。

二つめの成果は、合否に対する参加者の納得度がとても高かったことです。通常選考とは違い、合宿選考は学生たちが長い時間をともに過ごすために、2泊3日の選考過程が終了した時点で「自分ではないだろうな」「彼は総合商社の仕事に向いているな」ということを学生たち自身が感じ取れるのです。合否結果に対する納得度が高いため、選考に不満を抱くことがありません。この点は通常選考と大きく異なる点でした。

■合否の理由を一人ひとりにフィードバックすることの意味

さらに我々は、合格者のみならず不合格者を含めた全員に対しフィードバックをすることにしました。合否の理由を本人に伝えるのです。これは「多忙な就職活動期間中に、わざわざ時間を割いて、我々のイベントに参加してくれたのだから、我々も採否の理由をしっかりと説明する責任がある。学生に何らかの改善点があるのであれば、それを伝えてあげた方が学生自身の将来のためになる」というチーム内の声を受けて始めたことです。

1回の合宿選考に参加する学生は約60人。評価をまとめるだけでもたいへんな作業です。前例はありません。その昔は新卒採用試験の不合格者へは連絡もしない企業すらありました。現在でも「今後のご活躍をお祈り」するメールで済ませる企業がほとんどです。

確かに「あなたのここが良くなかった」と不合格の理由を言い渡されれば、一度は落ち込むでしょう。チーム内にはコスト等を考慮して反対する声もありました。しかし、これを実施すべきか否かの判断においては、やはり前述のＶａｌｕｅｓ（31頁）が役立ちました。すなわち、

「Ｖａｌｕｅｓ①Is that good for MITSUI's future?（MITSUI's future ＞ What we have said）」
（それは三井物産の未来にとってよいこと？）

答えはイエスです。

学生たちは、彼らの挑戦に真剣に応えようとする当社の姿勢をきっと理解してくれるはずだと判断したのです。そして、その手ごたえを後輩や友人に伝える可能性は高いでしょう。その結果、当社を将来受けようと思ってくれる学生が増え、よりよい採用が行える機会も増えると考えられます。

またそのプロセスにおいて、本書で繰り返し述べている【三井物産の経営理念（MVV）】等（28頁）も、断片的ながら一緒に伝わるはずです。そうなれば、我々の理念への共感と理解が深まるだけでなく、社会全体のキャリアに対する取り組み方にもよい影響を与えられるはずです。

この参加者への選考結果のフィードバックには、採用チームのそんな思いが込められています。

3 通常選考にデータとロジックの力を！

主観偏重面接への疑問

合宿選考の準備と並行して、我々は6月に行う通常選考についても新しい目で見直しをしていきました。すると、次第にいろいろと改善の余地を見出すことができました。

たとえば、面接員経験者に聞き取り調査を行うと、「あの学生はとても聞き上手で、私の話にいろいろと耳を傾けてくれた。懐に入るのが非常に上手な学生で良い」という答えが案外多いことがわかったのです。一方、学生からは「面接員と楽しく話ができた」「とてもいい話が聞けました」という声があがっていました。一見、意思の疎通が図られたよい面接であるように錯覚します。しかし、裏を返せば、「この学生は自分とウマが合いそうだ」という自分との相性や主観で採否を決めていたケースがたいへん多かったということがわかったのです。この聞き取り調査の結果は、後にデータでも裏付けられました。

こうした判断基準で、当社が求める人材である「真の挑戦者」を見つけ出すことができるかというと、疑問を感じざるをえませんでした。理由は「合宿選考」の項で述べたことと同じです。つまり、学生の本音や、本質的な能力の要素を見極めるためのロジックがありません。

「真の挑戦者」を獲得するには合宿選考をスタートさせるだけでなく、通常選考の面接手法にも変革のメスを入れなければならない――。特に、本格的な面接員トレーニングの必要がありそうです。そこで、次年度からの実施に向けて準備を開始しました。

面接員をトレーニングすることの大切さ

三井物産では、通常選考の1次面接員には、数百人の中堅社員があたっています。我々は以前から、彼らに対して選考方法についての説明会を実施してきました。

しかし、それまでは任意参加であり、多忙な通常業務の合間をぬってスケジュール調整をする難しさもあって、一部の社員しか参加していませんでした。そこで2019年卒の選考（2018年実施）から、日本エス・エイチ・エル株式会社[4]にコンサルティングを依頼し、当社の人事総務部が面接員トレーニングの企画と運営にあたることにしました。選考の流れの説明と、面接手法の詳細をトレーニングする内容とし、参加も必須としました。

どのような社員が面接員に適しているのか?

「面接員トレーニング」の内容を紹介する前に、面接員の傾向について述べておきましょう。中心となる年齢は30代~40代半ばです。さまざまな部署の社員の中から、年次等も勘案して、リストアップしています。

我々が採用の変革に着手するまでは、数年にわたり面接員を務めていた社員もいました。ところが面接員としての技量が高いのかといえばそうではなく、逆に自己流に陥り、なおかつその方法に自信をもっているケースが多く見受けられました。「面接員トレーニング」はこうした社員にとっても、自分の面接手法を見つめ直してもらうきっかけとなる必要がありました。

分析とフィードバックでマインドセットを変える

「面接員トレーニング」は、講師が一方的に説明するのではなく、参加者も一緒になって考えてもらう

4：日本エス・エイチ・エル株式会社〈http://www.shl.co.jp〉

「面接員参加型」としました。人はどんなに正論を言われても自分が納得しなければ行動を変えない傾向が強いからです。

「面接員トレーニング」の冒頭では、「主観評価」と「客観評価」の2つについて、どんなバランスで評価することが望ましいかを参加者に話し合ってもらいます。すると、多くの面接員が「結局は主観を大事にすべきだ」といった声をあげます。

そのうえで、主観評価では「面接員の感覚と合うかどうか」という組織適合性しか評価することができないのではないか、と従来の手法に疑問を呈し、これからはその人材が「会社にとって戦力となるか否か」という戦力性も評価するべきではないか、そのためには、個人の思い込みだけではなく、基準に基づいた客観評価が重要になる、というように、段階を踏んで面接における評価手法のロジックを説明し、課題を共有することにしました。

図 1-1 ●面接における 2 種類の評価スタンス

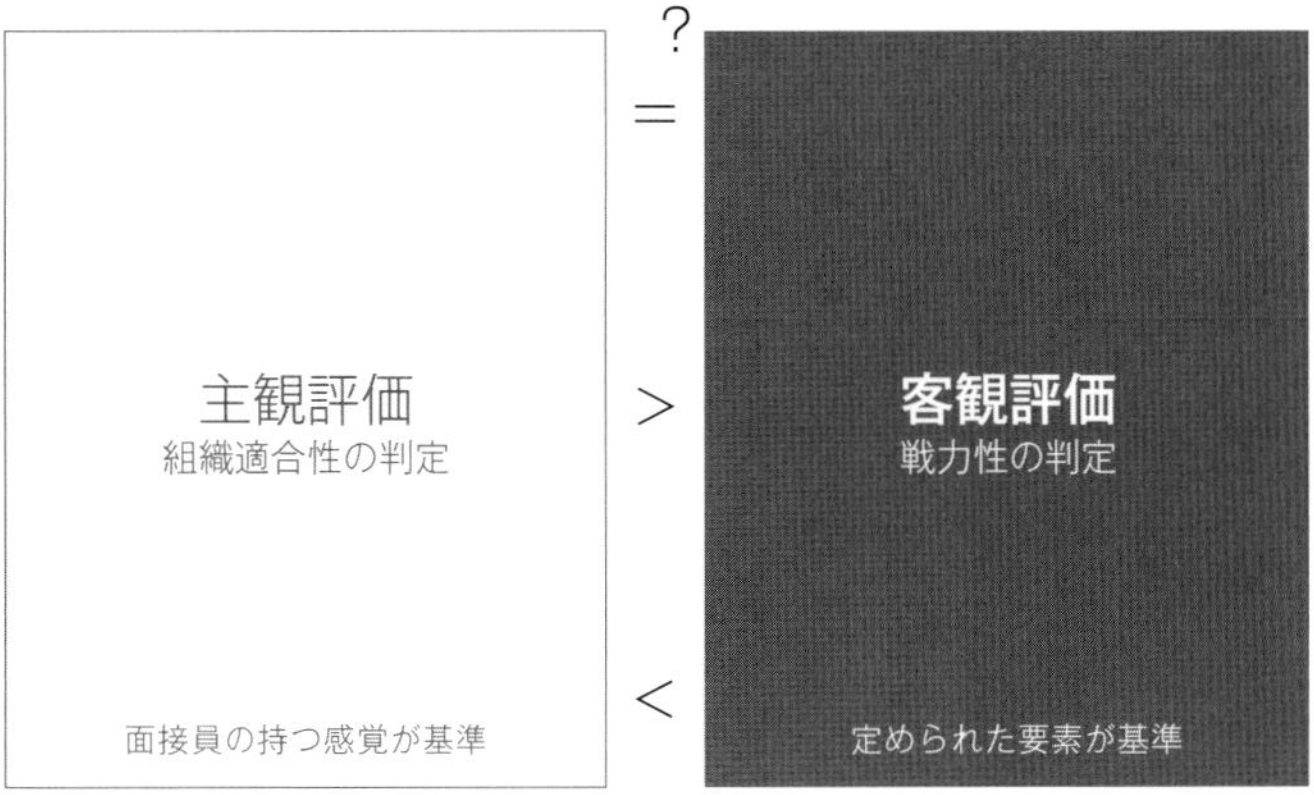

人間の主観には、放っておくと内的視点（直観）に頼ろうとする傾向があります。しかし事実は直観に反することも多く、そのために多くの予測ミスを犯します。予測精度を高めるには、内的視点に頼ろうとする傾向をくつがえさなければなりません。それが可能なのはデータやアナロジーといった「外的視点」です[5]。外的視点を導入することで、人間の主観による予測は客観に近づくことができるのです。

我々は、各面接員の主観的評価を可視化し、全体の評価と比較することで、各自が「外的視点」を導入し、自分の評価傾向を自覚することができるだろうと考えました。

可視化には、日本エス・エイチ・エル社の適性検査である「OPQ（Occupational Personality Questionnaires）」を用いました。OPQは自己申告型のパーソナリティ分析ツールです。ヴァイタリティや人あたりといったパーソナリティ因子を1～10までの数値として表すことができます。

「面接員トレーニング」に応用する準備として、まず我々は、事前に、この適性検査を1900人弱の当社社員に受けてもらいました。

すると当社の社員の傾向として、課題形成力や課題解決力に関連する因子が、日本人の平均的な数値よりも高いことがわかりました。その他の因子も踏まえると、個の力を重視し、個性のぶつかりあいを

5：デイビッド・エプスタイン／東方雅美訳『RANGE（レンジ）』（日経BP・2020年）152頁。

通じて、さまざまな課題を解決しながら、新たなビジネスを創出しつづけた社風が数字でも明らかになったと言えます。

ところが、このデータと、過去複数年の採用選考で面接員が学生の何を評価していたかを表したデータとを引き比べてみると、違う側面が見えてきたのです。

図1-2の左に、三井物産社員のパーソナリティ傾向の波形を掲載しています。ここで点数が6点以上となっている因子が、課題形成力や課題解決力に関連する因子です。

採用面接時には、事前に応募学生にもOPQのテストを受けてもらいますが、面接員による学生の評価の高低と、OPQのスコアの相関関

図 1-2 ● 当社社員のパーソナリティ傾向と面接の課題

三井物産社員のパーソナリティ傾向　　面接員トレーニング前の面接における評価傾向

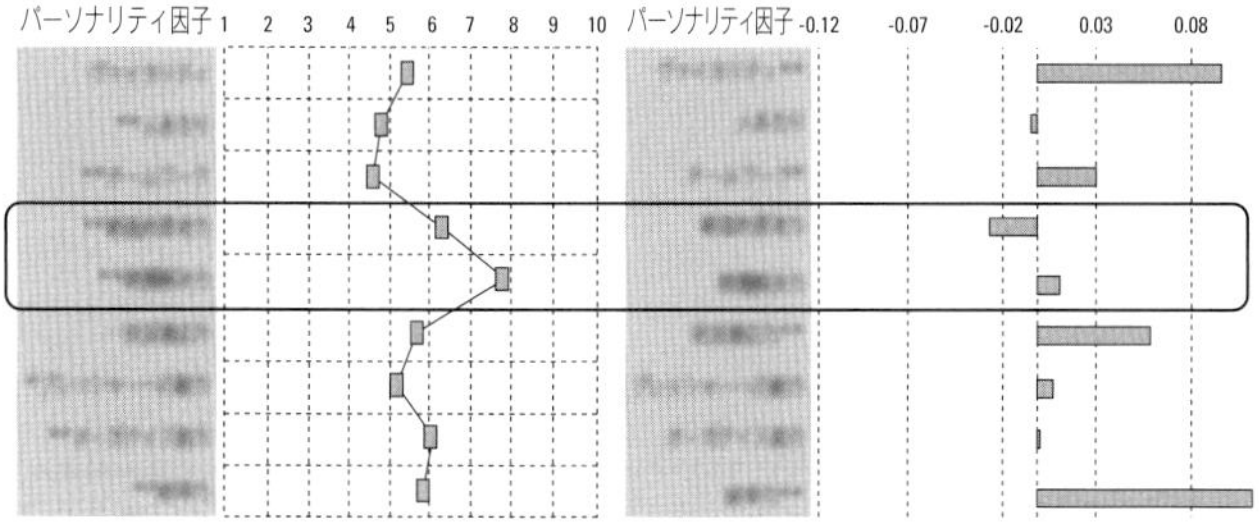

三井物産社員1,900人弱の適性検査によるパーソナリティ因子の波形。特定の2つの因子が高い傾向にあることがわかる。

面接における評価について、あるパーソナリティ因子の高い人を高評価すれば、相関係数は正の数値となる。逆にパーソナリティ因子の高い人を低評価にすれば相関係数は負の数値となる。
左図で示された、三井物産社員が高い数値を示しているパーソナリティ因子は、負の相関であったり、ほとんど相関がない状況となっていた。

係を見ることで、どういったパーソナリティ因子を持つ応募者が好まれているのかが浮き彫りになります。

具体的には、あるパーソナリティ因子の高い人を高く評価すれば、相関係数は正の数値となる一方、低評価とすれば相関係数は負の数値となります。

図1-2の右は、面接員トレーニング前に実施した面接における面接員の学生に対する評価傾向を分析した資料です。これを見ると、左図で示した当社社員の強みに関連する因子について、正の相関関係が見られないばかりか、負の相関すら見られることがわかったのです。つまり、こういったパーソナリティ因子をほとんど考慮しない面接が行われていたことがわかりました。

そこで、従来の採用面接において評価されていた学生のパーソナリティ因子を分析してみると、多くの面接員が選んでいたのは「将来、三井物産で成果を生み出し、活躍することが予測される」人材ではなく、一般と比較して目立った特徴があったり、面接員に対して共感を示すような、「なんとなく良さそうなスペックを持った、なんとなく良さそうな」人たちだったことが浮き彫りになったのです。

この全体結果を面接員に実際に見せ、主観に基づく面接の結果がデータにどう表れているかを明確に説明しました。

しかし、面接員を任されている社員は「人を見る目」に自信をもつ者がほとんどです。ただ面接員全体の傾向を示されただけでは、「そういう面接員もいるよね。でも自分は違う」と他人事のように受け止められかねません。やはり、「あなた自身の面接傾向はこうですよ」と示さなければ、人は動かないのです。

そこで面接員にも同じ適性検査を受けてもらい、自分自身のパーソナリティ因子の傾向と、自分が過去に担当した面接時の評価傾向（つまり、どのようなパーソナリティ因子をもった学生を評価する傾向にあったのか）を相関分析によって図表化し、面接員全員に個々の結果を伝えました（図1-3）。

これにより、面接員は自分自身の傾向と全体とを比較し、評価の偏りや、意識と実践のズレを視覚的に確認できるようになりまし

図 1-3 ● パーソナリティ傾向と、面接評価と OPQ スコアの相関レポート

氏名　○○○○

あなたのパーソナリティ傾向

当社社員と、ご自身のパーソナリティ傾向を示しています。

あなたが担当した面接の相関分析結果

面接をご担当いただいた学生のOPQと、面接評価結果の相関関係を示しています。相関係数がプラスの場合、パーソナリティ因子の高い学生をポジティブに評価している傾向となります。

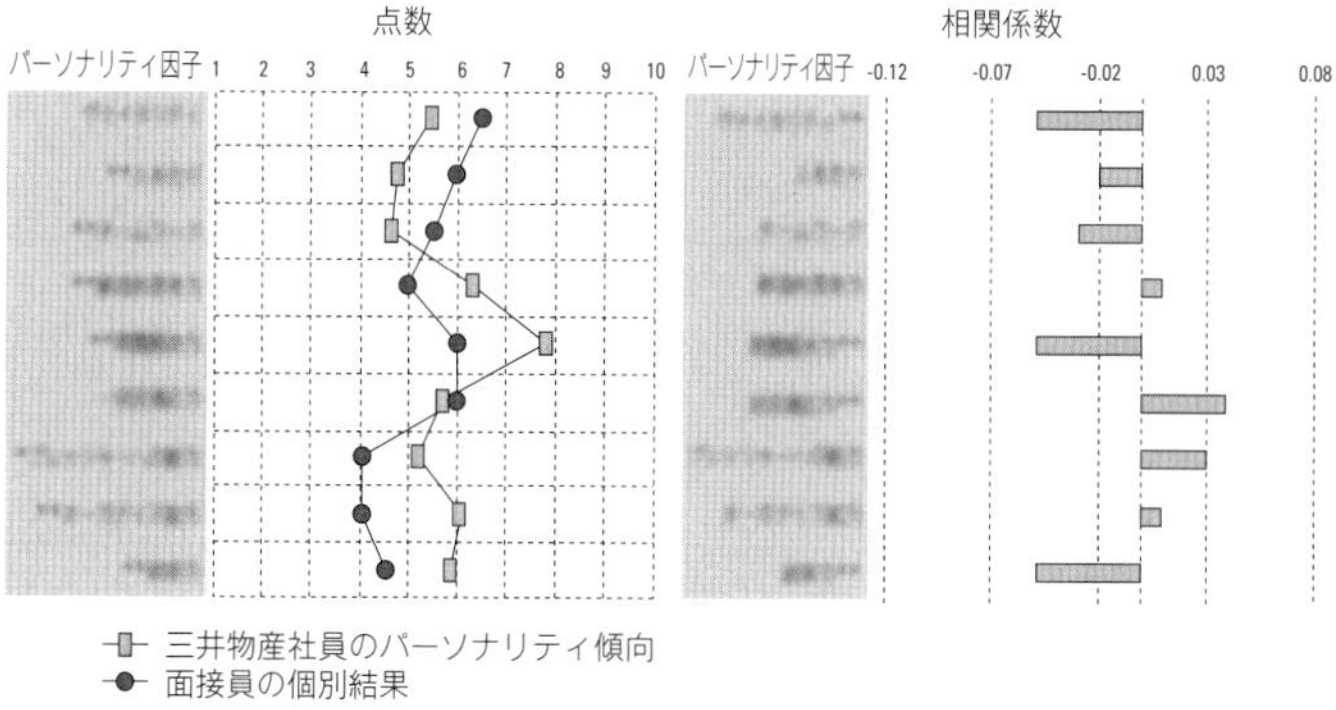

た。これらの決定的な外的視点は、課題認識や学びを深める契機となります。たとえば「自分のこれまでの判断は、自分と似たような人を選ぶ傾向があり、表面上の要素に大きく影響されていた」とか、「今までは学生の志望動機ばかり尋ねていたけれど、このパーソナリティ因子のレベルを推し量るには、どんな質問がいいのか考えてみよう」といった具合に、学生のより本質的な能力を見極めようとする姿勢に変化するのです。

■ データは最強のレバレッジ

先に述べた「客観評価」の効力のうち一番強力だったのは、それが「データ」である、という点です。このデータの力を借りることで、我々は、面接員を新卒採用の変革に巻き込むことに成功したと言っても過言ではありません。

「主観だけでなく客観評価を取り入れましょう」とか「課題形成力を重視しましょう」と言葉だけで訴えても、あるいは巧みなアナロジーをいくら重ねても、多くの人は聞く耳を持ちません。「私はそうは思わない」などと反論されてしまえば、そこで終わりです。しかし、そんなときにこそ、データの力を借りるのです。みなさんが変革を達成したいと真に願うなら、言葉だけで戦うのでなく、数字やデータのパワーを借り、それをレバレッジにするとよいでしょう。

また、データとは別に、手ごわい相手には小さな工夫が効く場合もあります。

たとえば、面接員の中には「自分はすでに何度も面接員を経験しており、面接のことはよくわかっている」から、今さらトレーニングなど受けたくないという人が大勢いました。いくらツールを整えたところで、面接員たちのモチベーションが低ければ思ったように効果が上がらないのは火を見るよりも明らかです。

そこで前に述べた面接員トレーニングを「未経験者向け」と「経験者向け」に分け、概要資料もそれぞれ別に準備しました。所要時間も「未経験者向けコース」は長めに、「経験者向けコース」は短めに設計し、これを申込時に各自に選んでもらうようにしたのです。

面接員トレーニング後に行った満足度調査によれば、この工夫でそれぞれのコースへの参加者の満足度はかなり向上しました。でも、種明かしをすると、この2つのコンテンツの中身はまったく同じものだったのです。経験者向けのほうは説明のスピードを1・5倍にしただけでした。人の心理は不思議なもので、「経験者向けコース」を選んでいるというだけで満足度は上がるのです。ズルい手かもしれませんが、伝えたいことをすべて伝えるという課題を達成するために行ったことです。たぶん許してもらえるでしょう。

これらの取組み後に実施した面接結果を分析したところ、その成果はデータに現れていました。

図1-4●面接員トレーニングによる相関係数の変化

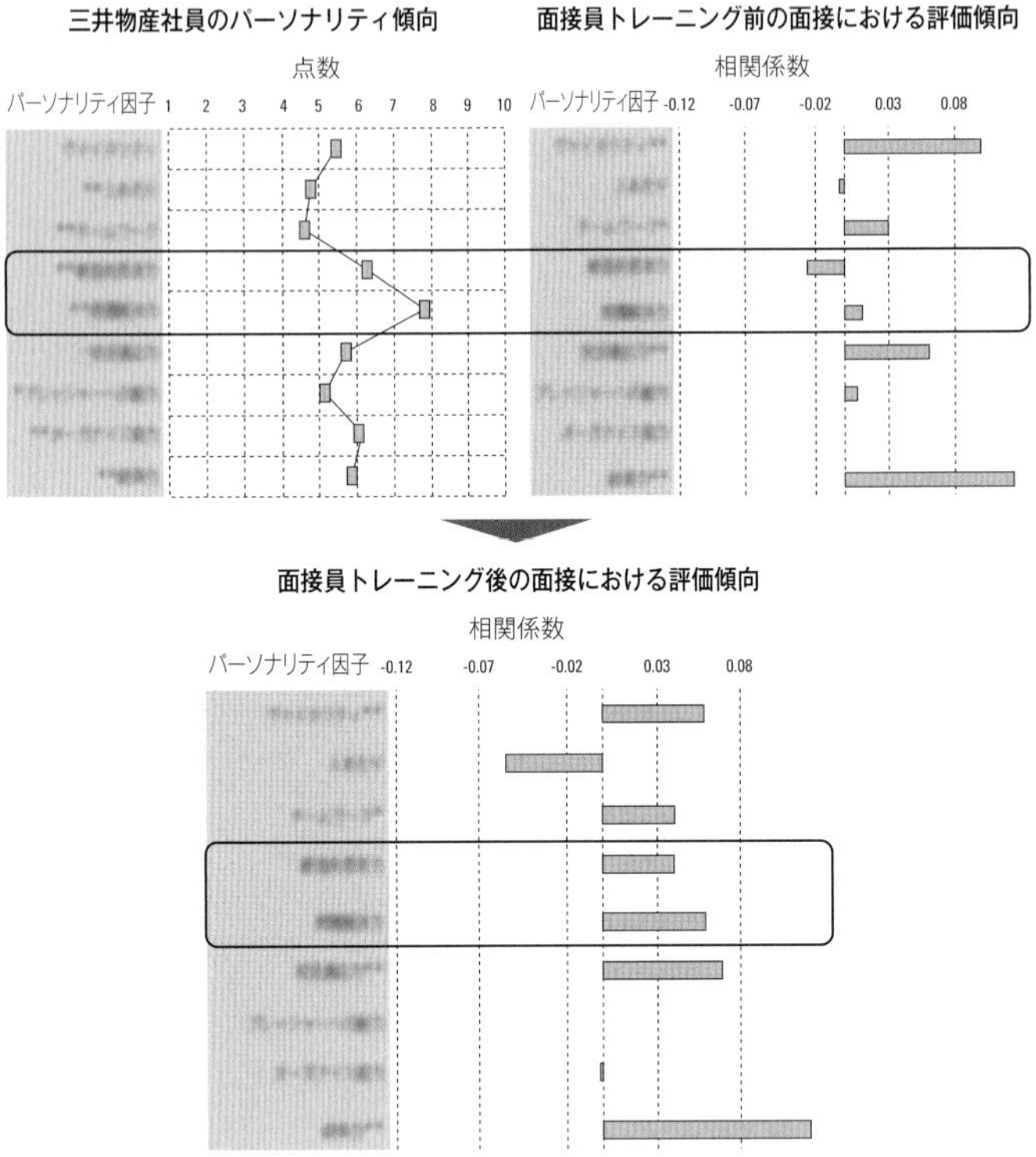

先に述べたように、面接員トレーニング前の面接では、当社社員の強みに関連するパーソナリティ因子と応募学生に対する評価について、正の相関が見られないばかりか、負の相関すら見られていました（図1-2）。しかし、面接員トレーニング後の面接評価を分析すると、これらの因子がいずれも正の相関に転じる結果となったのです（図1-4）。

　このようにして、面接員の評価をデータとして可視化することで、採用変革の成果もデータとして示すことができるようになりました。

採用基準を活躍人材に置く

さて、面接員担当者に受けてもらった適性検査、OPQの結果について、さらに掘り下げましょう。

我々は1900人の社員を対象に行った検査結果について、人事評価との相関もはじき出してみました。実際に高いパフォーマンスを発揮しているいわゆる「活躍人材」のパーソナリティ傾向を確かめるためです。「活躍人材と同じ行動特性をもつ学生なら、入社後も成果につながる行動をとることができる可能性が高いはずである」と考えたからです。

先ほど、当社社員は「課題形成力と課題解決力に関連するパーソナリティ因子の数値が日本人の平均よりも高い」と述べましたが、活躍人材は、特に課題解決力に関するパーソナリティ因子が、社員の平均よりもさらに高いことがわかりました。

一方、人から好かれる素養に関連するパーソナリティ因子は有意に低いことも確かめられました。これは意外な結果でした。なぜなら、商社パーソンといえば、交渉事や人付き合いが仕事のほとんどを占めるからです。「感じの悪い」商社パーソンなんてほぼお目にかかったことがありません。しかし、さらに分析を進めてみると、次のようなこともわかってきました。

人から好かれる素養に関連するパーソナリティ因子が高得点の人の特徴として、「人に対してよい印象を与え、過度の防衛心を相手に抱かせない」「人の嫌がることを無理に押しつけることを嫌う」「思いやりと節度を持った態度をとり、他人の表現を尊重することができる」が挙げられます。

一方、このパーソナリティ因子が低得点の人の特徴は「自己主張をし、自分の思う方向に引っ張っていきたいと考える」「人前でも堂々としているのだが、同時に自己主張が強すぎる傾向がある」という特徴が見られました。

「一緒に働きたい人はどちら?」と問われれば、多くの人は前者を選ぶでしょう。しかし「真の挑戦者になりうるのはどちら?」と訊かれた場合、後者に高い可能性を見出す人が多いのではないでしょうか。

商社パーソンの仕事は、上司からの指示をこなすだけではなく、周囲から反対されても嫌われても、自分の信念を持ちながら最後までやりきることです。つまり、OPQの結果は「低得点だから悪く、高得点だから良い」というわけではないのです。当社の活躍人材には、周囲の批判にめげず自分の考えを押し通し、最後には成果を残している人が多いという印象がありました。このOPQの結果は、それをデータでも裏付けできたわけです。

ただし、この活躍人材の行動特性と同じ傾向の学生を集めることが、未来の三井物産にとって正解なのかという点には、議論の余地があります。実は採用チームでも賛否が分かれ、ディスカッションのテーマにもよく取り上げています。

他社には、行動特性をマトリクス図で4事象に分類し、足りない事象の人材を採用で補うという方針をとるケースもあるといいます。現在、我々はそこまで踏み込んでおらず、前述した特性が、当社に集まっている人材の基礎を形作る素養であると解釈して、フォーカスを当てている段階です。データの蓄積や時代の変化に合わせて、この点は常時検証・修正されていくでしょう。

■ 未来ではなく「過去、現在の行動事実」に焦点を当てる
――深掘りの手法

ここからは面接場面に用いる手法について、面接員トレーニングでどのように指導しているかについて述べていきましょう。

いわば、学生の本音を深掘りする手法です。

我々は面接員に対して「成果を出せる行動特性（コンピテンシー）」の有無に焦点を当てるよう伝えています。

そのためには、どのように質問を構成すればいいのか。

ポイントは次の3つです。

①時間軸

②証拠情報を集める

③集めるべき証拠

まずは「①時間軸」の取り方です。面接では、過去と現在を訊くようにします。従来型の面接では未来に重きが置かれ、学生が話す志望動機に対する納得度に応じて評価する傾向がありました。しかし、未来は仮説でしか語ることができないほか、志望動機はいくらでも磨く（あるいは「でっち上げる」）ことができます。したがって、本人の行動特性を推し量る材料には適していません。このことについて、我々は以下のように面接員に説明しています。

「将来は仮説の話なので、見極めではなく、動機形成に活用します。採用面接における判断基準としてありがちなのは志望動機に重きを置くやり方ですが、それでは採否は測れません。重要なのは過去、現在です。学生が取り組んだ過去の経験を踏まえ、その成果の再現性（入社後も三井物産において『挑戦と創造』ができ

図 1-5 ●面接時に意識するべき時間軸

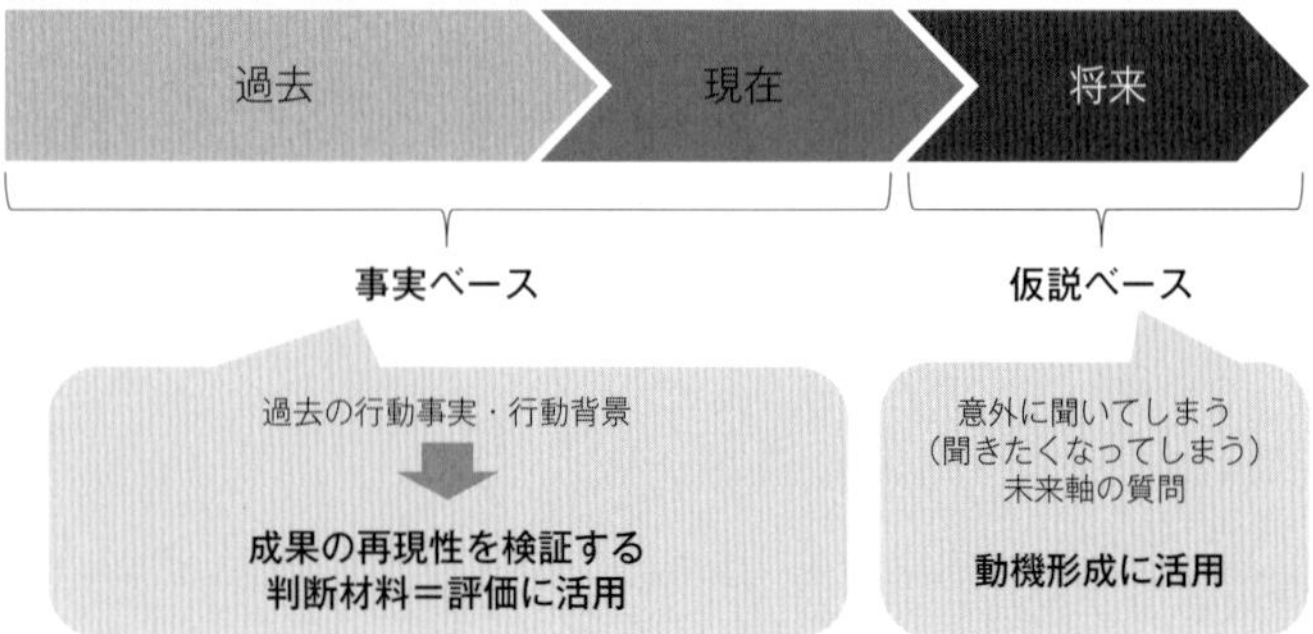

るのか）といったことを見極めてください」

さらに過去と現在のエピソードも漠然と尋ねるのではなく、成果の再現性を推し量ることができる証拠を集めなければなりません。その「②証拠情報を集める」には、STAR手法を用います。

STARとは、

⑴Situation（状況）
――「それはどのような状況だったの？」
⑵Task（課題・目標）
――「取り組んだ課題は？　目標は何だったの？」
⑶Action（行動）
――「そのときどのような行動をとったの？」
⑷Result（結果）
――「その結果どうなった？　どんな効果があった？」

の4つを指します。

このとき、特に「③集めるべき証拠」だと考えるのは、⑵と⑶の課題を解決するために工夫した点、そして苦労した点とその解決方法です。これらについての「行動」と「考え」とをバランスよく聞き出します（図1-6）。そうすれば、前述のOPQで抽出された社内の活躍人材が持つパーソナリティ因子（課題形成力や課題解決力に関連するもの）に沿った視点で、「成果につながる行動特性（コンピテンシー）」を測る材料が得られるからです。

このようなことを説明した後に「面接員トレーニング」では、面接のデモンストレーションを行います。評価が分かれそうなタイプの学生の面接を動画で見てもらい、実際に評価をするという面接の模擬練習です。各自が評定表に評価を記入した後に、グループディスカッションを実施します。各人の評価は予想以上にばらつきがあるはずです。しかしそれが健全な状態です。グループディ

図 1-6 ●STAR手法

事実を“考え”と“行動”でバランス良く確認する

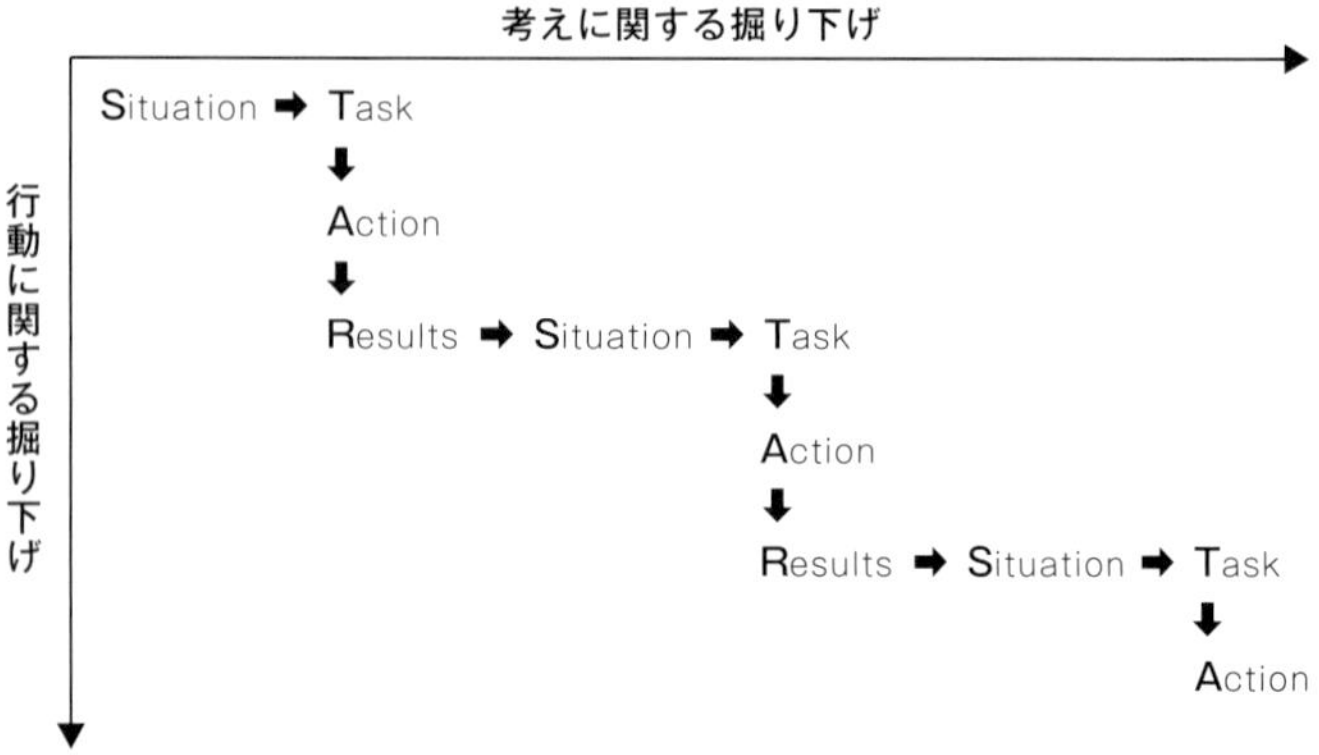

スカッションで自分以外の意見を聞くことで、自分の判断とは異なる、多面的なものの見方があることを理解できるようになるのです。

4 採用活動の中で企業の本音を伝える

総合商社の本音を知ってほしい

本書の冒頭でも紹介しましたが、当社は、ダイヤモンド社の就職人気企業ランキング（2020年卒対象）で文系理系の男女4部門においていずれも第1位となりました。4冠は1978年に調査が始まって以来初めてだということです。さまざまな施策が功を奏し、成果として現れたのだと解釈していますが、その中で何が一番学生たちの心に響いたのかと考えると、やはり「本音」を重視した採用選考と、それを積極的にアナウンスしたことだと思います。

たとえば「日本を変えたい」「世界を変えたい」といった高い志をもって当社を志望してくる学生がいます。そういう人にはまず、新人の時代には国を動かすような大きな仕事を一人で実行することは難しいよ、と正直に話します。また、その昔は、旧帝大卒の優秀な学生といえば、中央官庁を目指し、国のために働こうとするのが一般的でした。今、そういう学生は減っています。しかし日本という国は官僚が支えてきたのも事実であり、今後も日本を強くするには優秀な官僚が必要です。国が強くなることは日本全体、ひいては総合商社の利益にもなります。そこで我々は、事業をやりたいと思うよりも、国を支えたいというような考えをもつ学生には「中央官庁を目指したほうがいい」と勧めます。

また国際貢献を一生の仕事と決めて、当社を志望する学生も多くいます。しかし総合商社はボランティア活動ではなくビジネスなのだと説明し、NGOやNPO、JICA（国際協力機構）などを選択肢として考慮するように提案することもあります。確かに我々は、企業のMissionとして「世界中の未来をつくる」と掲げています。しかし「事業活動を通じて社会への新しい価値を創造し、社会と会社相互の持続可能性を追求していく」[6]のが、我々総合商社の役割であり貢献なのです。数十万円の利益を得るために身を削る思いをすることも決してレアケースではないと、ありのままを伝えます。

さらに、最近はベンチャー企業を立ち上げたいという志望学生もいます。自ら起業する前に総合商社でビジネスのいろはを学ぼうという考えです。これも、すでに具体的な事業のアイデアがあり、一緒に働く仲間がいて、資金調達の目処が立つなら、三井物産という回り道をするのは時間の無駄だよ、と説得します。

この3つのパターンに属する学生は、高い志と能力を兼ね備えている場合が多いと感じています。企業としては、のどから手が出るほどほしい人材です。それなのになぜ、自社の利益を手放すようなこと

6：『2020 三井物産サステナビリティレポート』7頁。

をするのかといぶかる向きもあるでしょう。

しかし、それはこのように本音を語ることが、結局は「企業と学生とのミスマッチ」をなくし、当社はもちろん、引いては日本社会の未来にとって利益になると判断しているからです。先に合宿選考で惜しくも合格とならなかった学生たちに、選考の結果をフィードバックしていると述べました。これも同じ理由からです。

「企業の論理に振り回されるな」——オワハラ・ホットラインに込めたメッセージ

「オワハラ・ホットライン」も、本音で語り合おうとするこうした姿勢の現れの一つです。

「オワハラ」というのは囲い込みの一種です。優秀な学生を他の企業にとられないようにするため、「うちの会社に来るなら内定をやる。その代わり他社への就職活動を終わらせろ」と学生を脅すやり方です。中には学生の手帳を取り上げて就活スケジュールを確認し、他社の面接日等に内定者研修をセッティングし、彼らを拘束するようなことまでやる企業があります。こんなことが横行していたのでは、学生が自分のキャリアを見つめる機会など永遠に失われるでしょう。同時に、深刻さを増す企業と新卒社員とのミスマッチにも歯止めがかかりません。

そこで我々は、当社の選考に参加した学生を対象に「オワハラ・ホットライン」を開設しました。開設にあたっては、学生たちに次のようなメッセージを送りました。

いよいよ面接日程が近づきつつあり、期待や不安が入り混じった心境かと思います。このタイミングで皆さんに改めてお伝えしたいことがあり、メールさせていただきました。

三井物産の面接は、当社や総合商社の理解度を問うものでは無く、皆様のこれまでに取り組んできたことや、思いをそのままピュアにぶつけていただくことで、三井物産で充実した社会人生活をスタートできるかどうかをお互いに確認しあう場です。ぜひリラックスして、面接選考に参加いただければと願っております。

なお、6月を迎えるにあたって、他社から内定と引き換えに就職活動を終えるように指示（いわゆるオワハラ）を受けたり、6月初旬に拘束されるといった相談が複数寄せられております。

皆さんの「他で内定を貰えないかもしれない」という不安心理を利用し、将来の選択肢を捨てさせる行動が良識ある企業としてすべきかどうか、ということに非常に疑問を感じます。

自分が社会に出て働く会社を選ぶことは憲法で保障されている皆さんの職業選択の自由という権利です。一度もらった内定を断るのも同様に皆さんの権利です。

「指示通りに就職活動を終えなければ裏切りになる」といったことを心配される場合もあるか

もしれませんが、そもそも皆さんの権利を奪っていること自体が、問題視されるべきことだということを冷静に認識してもらいたいと思います。

就職活動を行っていると色々と辛いこともあると思います。ただ、このような選択の機会は人生にそうあるものではありません。皆さんがオワハラを受けたり、内定をもらったからと言って就職活動を中途半端に終わらせるのではなく、是非最後まで就職活動を全うし、選択肢を持った中で、自分が行くべき企業を見つけて頂きたいと思います。

三井物産では、日本の採用を変えたいという思いをもとに、当社の採用選考に関連する他社拘束・オワハラに対応するため、相談窓口を開設させて頂くことといたしました。もし当社の面接選考の参加にあたってお困りのことがございましたら、以下の2種の方法からご相談ください。

(以下、連絡先)…

皆さんの就職活動が納得のいくものになることを心から願っております。

6月に皆さんにお会いできることを楽しみにしております。

三井物産　人材開発室長

実は、実際に、ある会社から「三井物産の選考を辞退したら内定をやる」と言われたという相談がオワハラ・ホットラインに入ったことがあります。そのとき、我々は、遠慮せずに三井物産の選考を辞退してくださいと答えました。そして、「まずその会社の面接を最後まで受けてください。そしてその後、改めて三井物産に応募してください。当社を志望していただくなら喜んで時間をつくって対応いたします」と付け加えました。

オワハラ・ホットライン開設のメッセージにもあるように、学生にとって就職活動は自分の一生を左右する一大事です。それを「企業側の論理に振り回されてはいけない。就職活動は自分の人生の中でも重要なイベントです。後悔しないようにやりきってください」と、我々は訴えたいのです。

その後悔は巡り巡って、日本経済の衰退につながり、果ては当社のビジネスにも重大な影響を及ぼす――。我々は真剣にそう憂慮しているのです。

学生のキャリアと真剣に向き合う

前述したように、当社は就職人気企業ランキングの4部門で第1位を獲得しました。しかし、就職セミナーなどで学生のみなさんに繰り返し訴えているのは、ランキングが上位だとか、商社パーソンは華やかなイメージがあるとか、海外で活躍するなんてかっこいいとかいった表面的な要素で会社を選ぶと後悔しますよ、という点です。

会社員生活が始まると（当社は時差勤務が認められていますが）、一般的に社会人は毎日朝9時から夕方6時まで1日の4割近くの時間を会社の人間としてすごすのです。大学生活の4年も長く感じたかもしれませんが、会社員生活の長さとは比べ物になりません。なにしろ、学生のみなさんがこれまで生きてきた二十数年の倍以上の時間を過ごすのですから。やりたくない仕事、愛着の湧かない職場だとしたら、毎日が苦痛で仕方がないはずです。一方、それがやりがいのある仕事、働きがいのある職場だったら充実した人生を送ることができます。

最近の学生はキャリア観が昔とは異なるので、同じ会社で定年まで勤め上げようと考えている人は少ないかもしれません。また、近い将来には会社員という就業形態そのものに大きな変化が訪れているかもしれません。それでも、社会人としてどんな会社でスタートを切ったか、あるいは最初にどんな業種に就いたかというのはやはり重要です。

もしここでミスマッチが起きてしまうと、学生のみなさんにとって不幸なだけでなく、企業としても大きな損失です。

したがって我々は、就職セミナーや採用選考の場で、最初に、

「本当にみなさんは商社でいいの？」

「本当に三井物産がいいの？」

いうことです。

裏を返すと、自分はどんな仕事がしたいのか、どんなキャリアを積みたいのかをよく考えましょうと問いかけます。

学生のみなさんは案外、総合商社が実際にどんな仕事をしているのかをご存知ありません。

その原因は、学生の勉強不足もあるでしょう。

しかし企業の立場からすると、それは我々自身の責任であると反省しなければならないと思っています。つまり、総合商社に勤める平均的な社員が普段どんな仕事に就き、どんなキャリアを積んでいるのかという点を周知できていなかったということです。国際的で巨大なプロジェクトの先頭に立ち、スポットライトを浴びる商社パーソンもいますが、多くは目立たないけれど重要なプロジェクトや取引を地道に積み重ねる仕事に従事しているものです。その真の姿、本音を見せたうえで、我々は、学生のみなさんに「本当に商社でいいんですか?」と問いかけたいのです。そして、学生のみなさんからは、自分自身の本音とキャリアプランに真剣に向き合ったうえでの答えを聞きたいのです。こうした真摯なやりとりが、美辞麗句や自慢話に代わり、採用の現場でやりとりされる日が必ずやってくる。それが、当社の採用変革に込めた我々の願いです。

第2章

多様な人材を求めて——終身雇用制度の崩壊

1 「本当にこれでいいのか？」と問い続ける

■ 苦心惨憺して構築した仕組みでも未来永劫正しいわけではない

第1章の末尾で、我々は学生に「本当に商社でいいの？」「本当に三井物産でいいの？」と問い続けていると述べました。

その我々自身も「本当に現状のままでいいのか？」と問い続け、課題発見とその解決のために常に尽力しています。採用のプロセスにおいても、PDCAサイクルを回し続けなければ、仕組みはあっという間に陳腐化し、成果を生み出せなくなるからです。

第1章において、我々は新卒採用の人材要件の一つを、自ら課題を発見し、解決する力だと説きました。これは我々人事自身にも言えることなのです。

本書で紹介した当社で現在実践している採用の仕組みも、もしかしたら数年後には新たな知見を加え、さらに新しいかたちへと移行しているかもしれません。未来永劫正しいものは何一つないのですから。

■総合商社は課題解決者から課題設定者へ

　実は総合商社という企業形態を説明するのはとても難しいことです。メーカーではなく、かといって販社（販売会社）でもありません。しかし、「ものづくり」にも「販売」にも深く関わっています。生産から販売まで、関わりのない工程は一つもないと言っても過言ではありません。それが全産業分野にわたるわけです。

　我々は事業の本質的な意味を「経済や人々の暮らしの中に潜在するニーズを察知し、課題を発見し、創意工夫に満ちた仕組みを考案することで、新たな価値を生み出していく」「時代ニーズの産業的解決者」であることだと定義づけています。

　この定義は今後も変わることはないでしょう。

　現在、インターネット等によって世界中がつながり、ニーズが多様化・複雑化・潜在化したことに伴い、その全体像はたいへん見えにくいものになりました。すでに顕在した課題を解決するだけでは、世の中の変化に対応することができなくなりました。我々はもう一歩進んで、潜在する課題を見出す課題設定者となることを迫られています。そうしなければ「時代ニーズの産業的解決者」とはなりえません。

　そのためには今後、どんな人材が必要となるのか。そうした人材を集めるには、採用はどんな仕組みにするとよいのか。我々、人事総務部は、こうした時代の要請にも応えなければなりません。

ホモジニアスな集団が企業を弱くする

ところが、ここで大きな問題となりうるバグが見つかりました。

それが「ホモジニアス」な集団（組織）です。

ホモジニアス（homogeneous）とは同質である様子、均質である様子を表す言葉です。「はじめに」でも少し触れましたが、現在、当社の多くの社員は日本の中流以上の家庭に生まれ、不自由なく育ち、学生時代は成績上位者で、似たような教育を受けてきた人たちです。時代や世界に対しても似たような認識をもち、きわめて近い生活信条を掲げ、同じような人生の歩き方を目指し、そっくりなライフスタイルを選び、似たような価値観をもち、購入するもの、好きなスポーツや音楽、映画、テレビ番組まで共通しているかもしれません。そのため、社員のほとんどがいわゆるツーカーの仲であり、ひとたびチームを形成すれば、「阿吽の呼吸」で動くことができます。

従来の組織論で考えるなら、これはたいへんな強みです。経営陣や上司、同僚、部下の考えていることが以心伝心でわかるのですから。しかしそうした環境下で過ごしているうちに、いつの間にか、我々三井物産が実は特殊な集団であること、そして我々の「あたりまえ」が世間の「あたりまえ」ではないことを忘れてしまうのです。

そうなってしまったら、多様化・複雑化・潜在化した時代ニーズを正しく認識することなどできません。チャンスはもちろん、リスクすら見逃してしまうことになりかねません。それは会社の屋台骨をゆるがす大問題に直結します。
米国の科学ジャーナリスト、D・エプスタインは著書の中で、1986年に起きたスペースシャトル「チャレンジャー号」の事故[1]の原因の一つが、数値を絶対視していたNASAの伝統（ミッション評価室には「我々は神を信ずる。ほかの人たちはデータをもってきなさい」という言葉が飾られているといいます）にあったと分析し、そのリスクを回避するための方策について、以下のように論じました。

「整合性」は、組織の構成要素である価値観、目標、ビジョン、自己概念、リーダーシップなどが「互いに合っていること」を表す社会科学用語だ。1980年代以来、この言葉は組織理論の柱となってきた。……ビジネススクールの学生たちは、整合性モデルを信じるよう教えられることが多い。つまり、優れたマネジャーは業務のすべての要素を常に組織文化に整合させることができ、その文化ではあらゆる要素が互いに強化し合い、それが団結であっても自主性であっても、一つの方向に進んでいくと学ぶ。しかし、組織文化は一貫性を持ちすぎる時がある。そこに不整合を持ち込むことによって、「別の角度からの検証ができるようになる」……ここでカギとなるのは、まず中心的な組織文化を認識し、続いて反対方向で文化を多様化して、

1：チャレンジャー号は打ち上げから73秒後に爆発し空中分解、7名の乗組員全員が死亡する大惨事となった。打ち上げ当日の気温低下からシャトル本体についていたOリングが硬化したことが事故の原因とされる。NASAや部品メーカーは低温時に弾性を失うリングの問題を事前に把握。メーカーが打ち上げ中止を進言したものの受け入れられなかった。技術的な問題のみならず、集団思考（集団浅慮）に陥ったゆえの人災ともされる。

組織のレンジを広げることだ。2

ここでいわれている「整合性」は「ホモジニアス」と置き換えることが可能です。つまり、ホモジニアスな組織がかかえる集団思考のわなから脱出するには、組織文化を多様化する必要があると、エプスタインは述べているのです。

一方、近年強く感じるのは日本で長く維持されてきた、「終身雇用制度の崩壊」です。若い世代では転職が非常に一般化してきており、我が社も例外ではありません。一般的な退職率に比せば、それでもきわめて低いといえますが、一昔前に比べれば若い人の退職者数は確実に増えています。

この現象に関しては、我々としては複雑な心境ではありますが、しかしながら若い人のキャリア観の変化に正面から向き合う必要があります。

そこで、転職市場に飛び出したキャリア人材を、ホモジニアスな組織に化学変化を起こす存在として捉え直す作業に、総合商社の中でもいち早くとりかかりました。

2：デイビッド・エプスタイン／東方雅美訳『RANGE（レンジ）』（日経BP・2020年）350～353頁。

■アムンセン隊はなぜ南極点に到達し無事帰還できたのか

ホモジニアス（同質性、均質性）な組織と対義する言葉の一つに「多様性」（ダイバーシティ）があります。米国のビジネススクールでは、企業におけるダイバーシティの重要性を示す例として、「アムンセン隊とスコット隊」のエピソードがよく取り上げられます。

ノルウェーの探検家R・アムンセンと、英国の海軍軍人で探検家のR・スコットは、1911年、ともに南極点を目指して出発。アムンセン隊はいち早く南極点に到達し、一人の犠牲者も出さずに帰還しました。一方、スコット隊はアムンセン隊に遅れること33日後になんとか南極点に到達したものの、帰路に隊が全滅するという悲劇的な結末を迎えました。

アムンセンもスコットも当時を代表する探検家でした。それがなぜ、このように対照的な結果となったのか。それについては、その後さまざまな分析がなされています。そして、後述するように、両者のもっとも大きな違いは、正しい判断を下すために不整合や異質なものを遠ざけず、逆に積極的に受け容れようとするスタンス、つまりダイバーシティへの配慮だということがわかってきました。もちろん、受け容れたのは南極点到達に成功し無事帰還したアムンセンでした。

同時代においても、また後世の研究者によってもたいへん評価されたのが、アムンセンの用意周到さです。

彼はまず、極地探検の経験があった米国医師F・クックや、スキーヤーで登山家のF・ツァフェといった専門的な知見を持つ人々をはじめ、北極圏に住むイヌイットたちからも情報を集めました。そして、その情報から、スコット隊の使った雪上車や馬ではなく、スキーと犬ぞりを用いることとしました。さらに、その犬の訓練法及び管理法から、牛革ではなくアザラシの革で服をしつらえるといった防寒対策、氷の状態に対する知見、壊血病を予防する食事の工夫まで、実にさまざまな知識を彼らから習得し、計画に実装したのです。

アムンセンは「この人物から学べると思ったら誰からでも学ぶ」[3]人だったといわれています。中でもイヌイットとは南極点に挑む10年も前から交流を重ね、彼らの知恵と技を学んでいました。

しかしながら、「イヌイットを実験対象のように、ひたすら研究しようとするつもりはなかった。彼は民族や生活様式を美化することなく、自分なりに異民族の文化を素直に受け入れて対等な立場で彼らを眺めた」[4]といいます。アムンセンは異民族に対して寛容な態度で臨みました。現代におけるダイバーシティを重んじる姿勢のさきがけともいえます。

一方、スコット隊が帰還に失敗した原因も、さまざまに分析されています。天候不順や南極点到達という目的の遂行以外に学術研究に時間をとられたということもありましたが、その他にも彼自身が出発

3：スティーブン・R・バウン／小林政子訳『最後のヴァイキング』（国書刊行会・2017年）68頁。
4：同書87頁。

前に「遠征の主目的は南極点に達することであり、イギリス帝国がその達成の栄誉を確保すること」だと述べていたように、母国の威信をかけた探検であったため、危険を承知で前進しなければならなかったという説、またアムンセンとは逆にヨーロッパの最新装備を信じ、極地の環境に関する情報収集が不足していたことを要因とする説もあります。

なおスコット自身は死の直前、零下40度のテント内で書かれた遺書の一通である「公衆へのメッセージ」の中で、失敗の要因を次のようにつづっています。

「遭難の原因は組織の欠陥ありしにはあらず。打ちこゆべきあらゆる危険にあたりて不運なる目にあいしにもとづく」

スコットはあくまで、失敗の原因を不運に帰したのです。しかし彼は最期の瞬間まで誇り高い姿勢を崩しませんでした。

「あらしはわれらのまわりを吹き荒れたり。われらは力なく、筆をもつことも難し。ただ余自身のことをいえば、余はこの旅行にいささかもくゆるところなし。われらはイギリス人が困難を克服し、相協力して、いまだかつてなき不抜の精神をもちて死に臨みたることを実証したるなり。われらは危険を敢てせり。われらはその危険なることを承知しいたり。ただ事情がわれらに与せざりしなり。さればわれらは何ら不満の意を表すべきいわれなし……」5

最後まで誇りやプライドを失わなかった態度は見事です。しかし、その精神力だけでは、南極点到達という巨大プロジェクトを成功させることができなかったという事実は、アムンセンの成功要因とともに胸に刻んでおかなければならないでしょう。真に必要だったのは、課題形成や課題解決のために広く深く情報を集めることと、それを可能にするダイバーシティだったのです6。

■キャリア採用が企業に化学変化を起こす

企業が大きくなる過程においては、一人の経営者の剛腕が必要な局面もあるでしょう。しかし、状況は刻一刻と変化します。それぞれの局面に対応し、よりよい解決策を見出すには、多様なキャリアをも

5：チェリー・ガラード／加納一郎訳『世界最悪の旅』（中公文庫・2002年）243～246頁。

6：本項ではアムンセン隊とダイバーシティの関係について述べたが、アムンセンは隊員選びも独特だった。たとえば、「幅広く候補者を探し、最終的にチームを決めるまでは間口を広く残しておき、急いで絞り込まないようにした。（中略）……隊員の選考に当たっては問題解決能力を重視した（中略）……。『準備が進行中のとき難しい課題について質問したり、できそうにない仕事を与えてみたりした。もし「できない」という返事が返ってきたらその場で不合格にした』」（前掲書『最後のヴァイキング』65～66頁）というやり方で隊員を選んだ。また南極探検以前に応じた『ニューヨーク・タイムズ』の取材では「私は応募者が持参した経歴書を見ない。総じて言えば、人物をよく見、しばらく話をして、その人間が緊張状態に耐えられるかどうかを観察する。この方法で失敗したことはない」（同書139頁）と述べている。100年前なので方法が荒く、今なら圧迫面接ととられるかもしれない。しかし、本音を重視し、問題解決能力に焦点を当て、じっくりと時間をかけて人物を評価している点は、彼のプロジェクト達成に向けての用意周到さや、異民族などの多様性への理解と同様に、現代にも通用するところがある。

つ人材と、彼らがもつさまざまな目が不可欠です。阿吽の呼吸で動く人間だけではなく、異を唱え、道理を通すことを主張する人間も必要なのです。変化の激しい時代を生き抜くためのチームワークに求められるのは、アムンセンにとってのイヌイットの知恵です。

我々もダイバーシティの視点に準拠し、「キャリア採用」を充実させています。他業種、他企業で鍛え上げてきた視点と価値観を、当社に持ち込んできてほしいという願いは、年々強くなる一方です。

2 戦略的キャリア採用オペレーションのポイント

「穴埋め」「補充」では意味がない

キャリア採用と聞くと多くの人は、人員の「穴埋め」や「補充」を思い浮かべるでしょう。新しい事業を起こすので、その分野の経験者がほしいとか、仕事量が増え、手が足りなくなったから頭数を揃えたいといった例です。

しかし前節で繰り返し述べたように、キャリア採用において我々は、よく回る歯車を求めているのではなく、当社に化学反応を起こす人を求めているのです。能力やスキルはもちろん必要ですが、一番求めているのは考え方や文化、そして経験です。

応募者の能力やスキルを見極める視点と、その人が入社後、周囲に化学反応を起こせるか否かを見極める視点では、それぞれ別のノウハウが求められます。そこで我々は、キャリア採用についても、独自の戦略的オペレーションを構築することにしました。

ポイントは2つです。

1つは、外部から総合商社を見ると、中でどんな仕事が行われているのかがわかりづらいという点です。そのために理想と現実のギャップ、いわゆるリアリティショックが引き起こされ、実際に入社後、本来の実力が発揮できないという例が散見されました。新卒採用同様に、キャリア採用においてもこのようなミスマッチはできるだけふせがなければいけません。キャリア採用のオペレーションでは、この点を十分に考慮する必要がありました。

2つめは、選考する当社側も応募者とのマッチングを最大限高める必要があるという点です。応募者が前職で経験してきた職務内容や持ち合わせているスキルと、現場側がもつニーズをどうマッチングさせるか。多様な事業領域をもつ総合商社である三井物産のキャリア採用ではこの点を、新卒採用とは別の方法によって補っています。

「すべての窓を一斉に開け！」

では、「穴埋め」や「補充」ではない、前述した2つのポイントをクリアするキャリア採用とはどのようなものなのでしょうか。

現在、当社のキャリア採用は次のような仕組みになっています。

まず、転職エージェントやメディアへの広告出稿等を通じて、広く一般向けにキャリア採用に関する広報を行います。そして、志望者にはウェブページからプレ・エントリーをしてもらいます。このときのエントリーシートは、志望動機等の記載欄はなく、前職の職務内容といった基本事項を記入するだけの簡易版エントリーシートです。これにより第1次書類選考を行います。

従前のプロセスは、最初の段階から志望動機等も記入させる本格的なエントリーシートの提出を求める形態でした。しかし、当社の業務に対する認知度や総合商社の仕事への理解度を高めることは簡単ではなく、採用時にミスマッチを招いたり、そもそも当社へのエントリーが敬遠されたりする遠因となっていました。そこで、キャリア採用における応募の間口を広げ、敷居を下げることで、応募フローを変革したのです。

第1次書類選考をクリアした応募者には、次にウェブテストを受けてもらいます。そして、このテストを通過した者には、「キャリアラウンジ」に参加してもらいます。

「キャリアラウンジ」とは、仕事内容を理解してもらうためのイベントです。当社のすべての募集部門の現場担当者が出席し、各部署の仕事内容に関する説明を行います。また参加者からの質問も受け付けます。当社の仕事への理解度を深め、どういった部門で自己実現を目指したいのか等、入社後のビジョンを明確にしてもらうという意図があります。

その後、応募者は志望動機等の項目がある本格版のエントリーシートを提出します。その際、キャリアラウンジでの情報をもとにして、第1〜第4までの希望部門を提示してもらいます。

ここから第2次書類選考のフェーズとなります。

第2次書類選考では本格版エントリーシートに書かれた第1志望の部門の人事担当者がエントリーシートを確認します。応募者の経験・希望と、現場の業務ニーズの合致度から判断をしていきます。

もし第1志望の部門とのマッチングが不成立に終

図2-1 ●キャリア採用の選考フロー

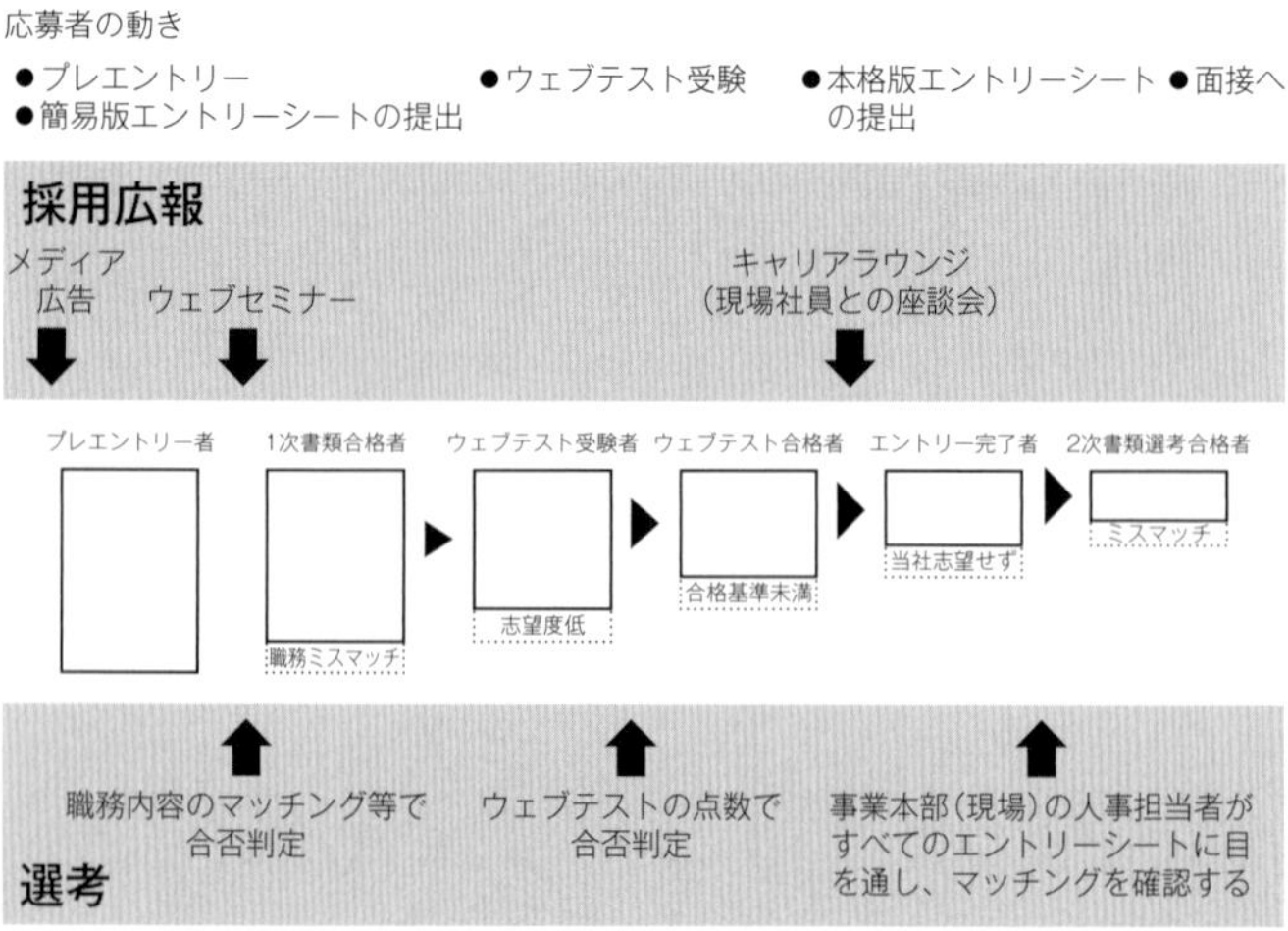

わった場合には、第2志望の部門が同じプロセスを実行します。これを第4志望まで行います。マッチングが成立したら、その部門の面接選考に進むかたちとなります。

「すべての窓を一斉に開く」キャリア採用は、このように進んでいきます。複雑なオペレーションなので、人事総務部だけで進めることはできません。「キャリアラウンジ」や面接等、人事総務部以外の各部署の積極的な協力によって成り立っています。

特に面接フェーズでは、主に現場ニーズを把握する各事業本部の人事担当者や現場社員が選考を行います。しかし、ここで注意しなければならないことがあります。それは現場の目という「単眼」で採用の可否を決めてよいのかという点です。

複眼がキャリア採用の質を向上させる

キャリア採用の面接選考において、各部門の担当者は現場の切迫した人材ニーズを満たすことを期待されて参加しています。したがって、各部門から選出された面接員のみが面接を担っていた従来のキャリア採用では、応募者の多少の欠点に目をつむって採用してしまうケースが見られました。

そこで、キャリア採用における2次面接からは、2人の面接員のうち1人は人事総務部のメンバーが務める仕組みにしています。また、最終面接でもある3次面接も、各部門の責任者に加えて人事総務部の責任者も面接員として参加するようにしています。

つまり「複眼」による選考です。

各部門から派遣された面接員は部門の利益を代表します。そして人事総務部から派遣された面接員は、「Is that good for MITSUI's future?（それは三井物産の将来にとってよいことか?）」という会社としての理念を代表します。2つの異なる立場から応募者の評価を行い、意見を戦わせるのです。部門担当の面接員が「どうしてもほしい」と手を挙げても、人事総務部の面接員が同意しなければ、採用は不成立となります。いわば「ブレーキ」の役割です。

また、各部門と人事総務部という複数の視点から応募者を観察することで、一つの視点では見逃していたかもしれない長所や短所に気づくことができます。1人、あるいは同じ部門の人間が見た場合、人物評価はどうしても個人的好き嫌いに左右されがちです。これをふせぐだけでも、部門担当者と人事総務部という異なる立場のメンバーで面接員チームを形成する大きな意味があります。

さらに人事総務部から面接員を派遣することで生まれた利点がもう一つあります。それは、4つの希望部門とのマッチングに漏れた人を救うことができる点です。三井物産の未来を託すにふさわしい人材でありながら、たまたま各部門にニーズがなかった、あるいは見逃していたというケースも起こり得ます。そういった人材は人事総務部がサルベージし、「この人いいですよ。再考してみませんか?」とまるで代理人のように、適切だと思われる部門に売り込む仕組みをつくったのです。この経路で入社し、現場で活躍している社員が大勢います。

表明保証とレファレンスチェックで「過去の行動事実」に焦点を当てる

前述した応募プロセスにおける本格的なエントリーシートでは、前職の会社の評価制度についての詳細な説明と、過去3年間の人事考課結果を記載してもらいます。前職で評価が低かった人が、急に当社で活躍するということはまずありえません。そしてこれらについて表明保証(もし内容が虚偽であった場合、解雇されてもかまわないという約束)を付けてもらいます。

これらは応募者の過去の行動事実に焦点を当てた、第1章の新卒採用時にも問題とした「コミュニケーション能力が高いだけの人」を排除するための仕組みです。そのような人物が当社で活躍するというのは考えづらいからです。

また、選考合格者に対しても、さらなるチェックを行います。第三者機関に委託し、レファレンスチェックを行うのです。

レファレンスチェックとは、学歴、職務関連資格、職歴、懲戒歴、訴訟歴、破産歴、SNSや新聞上の情報（逮捕歴等）をチェックするメディアサーチ、反社会勢力との関係などといった項目に関する調査です。

さらに、前職の元上司へのインタビューも行います。働きぶりや無断欠勤の有無について問い合わせる他、「また雇用の機会があったら採用したいと思いますか？」「倫理観はどうでしたか？」といった質問をします。

会社や上司によって協力の度合いや回答内容に濃淡はありますが、「ぜひ三井物産で鍛えてください」といった返事をくださる企業もあります。元の職場の対応が協力的な場合には、いい人材であることが多いように感じます。こうしたレファレンスチェックは外資系の金融機関やコンサルティング会社では一般的ですが、日本企業で実践しているところは、まだまだ少ないようです。

当社のキャリア採用オペレーションは、従来に比べて複雑かつ慎重で、たいへん多くのコストをかけています。しかし、本章の前半で述べたように質が高く、かつ多様な人材を確保する重要性にかんがみれば、十分に費用対効果のあるオペレーションだと考えています。

第3章

対談——採用変革、第1期生（2018年入社）の声

採用変革、第1期生（2018年入社）の声

参加者（五十音順）

新井田　早希（プロジェクト本部プロジェクト開発第四部第二営業室）
メキシコにおける風力発電所の事業会社管理、太陽光発電所開発を担当。

鈴木　彩菜（金属資源本部石炭部原料炭営業室）
金属資源本部石炭部にて鉄の原料となる石炭の調達に従事。
当社が出資する豪州炭鉱のマーケティングやコロンビア、ペルー等の第三者玉のトレーディングを担当。

古川　浩汰（ベンダーサービス株式会社出向中）
当社100%子会社であるベンダーサービス株式会社に出向中。
大手コンビニエンスストア向けの弁当容器の営業、企画・開発及び生産供給管理を担当。

就職活動中に感じた「人の三井」

――本書はここまでで「30分の面接×3回」でなにがわかるの？　という疑問に端を発した、採用に対する人事総務部の挑戦と創造について紹介してきました。

ここからは、修羅場体験シミュレーションや合宿選考といった一風変わった採用選考に参加し、そして当社に入社したみなさんに就職活動当時を振り返っていただき、選考中に応募者が感じていた生の声をお届けできればと思います。

入社前に抱いていた仕事や職場への理想と現実とのギャップに衝撃を受け、それが原因で退職してしまうという事例や、入社後3年程度経過し、その後のキャリアに悩み転職を検討するケースが多いという話を他社の人事の方々から耳にします。みなさんは2018年入社ですから、当社で働きはじめてちょうど3年が経過したわけですが、入社前と入社後で総合商社の仕事や三井物産に対するイメージが変わったところはありましたか？

古川（浩）：僕の場合、就職活動を開始する以前は、総合商社に対しては「重厚長大」「トップダウン」「エリートの巣窟」……という漠然としたイメージを抱いていました。なにかこう……巨大資本で大きなビジネスを動かしているんだろうな、というような。大学3年生のときにインターンシップに参加したことで、商社パーソンが実際にどんな想いで働いているのか、どういう仕事をしているのかを初めて理解することができました。そして、知れば知るほど三井物産に惚れ込んでいき、入社を決めました。

就職活動中に知り合った学生の中には、三井物産という会社を熱狂的に支持している人もいました。でも僕は実感のないものは信じないタイプで（笑）。みんなの言っていることを確かめるためにもインターンシップに参加してみた、という感じでした。

新井田：私は留学をしていたこともあって、世界中で活躍できる仕事がしたいと思っていました。そのため、最初は外資系企業を志望していました。その頃は、三井物産に対しては伝統的な日本企業というイメージがあり、正直、私のタイプではないなと勝手に思い込んでいたんです。
就職活動中に参加した他社の企業説明会では、かっこいいけど抽象的なことしか言わない印象があって、実際に自分が働くイメージを持つのは正直難しいなと感じていました。でも、三井物産の企業説明会に参加する中で、総合商社が世界中でさまざまなプロジェクトを展開していることを知って、認識が少しずつ「おもしろそうだな」に変わっていきました。

鈴木：私の場合は、実はもともと三井物産という社名もよく知らず、みなさんと同じように企業説明会に参加する中で少しずつ好きに、身近になっていった、という感じだったと思います。
当社には応募学生に配布される『挑戦と創造』という冊子がありますが、私はあの冊子のファンなんです（笑）。就職活動中は、志望企業の会社案内を取り寄せて比較検討したりしましたが、多くの企業で業績や市場占有率といった数字で各社の事業が紹介されていました。そんな中で、『挑戦と創造』

『挑戦と創造』（三井物産発行・非売品）

は、新入社員と指導員の対談があったり、それぞれのプロジェクトに関わっている人たちのストーリーが紹介されていたり、すごく「人」にフォーカスしているのが印象的でした。

私も大学卒業直前まで留学をしていたので、国際留学帰国生用のセミナーにも参加しました。そのときも登壇された人事総務部の方が、いわゆる〝物産パーソン〟として自分自身がどんな仕事をしてきたかという個人的な経験談をお話しされていて、その点も「他社の企業説明とはちょっと違うな」と印象に残りました。

現在、私の所属する部署の先輩は、これまでの私の人生で出会ったことがないような、すごくキャラクターの濃い、人情に熱い方です。私とはタイプも考え方も真逆ですから、激しく意見がぶつかることもあります。でも、その人の信念とブレのなさには全幅の信頼を寄せていて、年次が15年も離れていますが、もう何も隠していることがないくらいプライベートもすべて打ち明けられる、尊敬できる存在です。入社後にそういう出会いがあったことはとても嬉しかったのですが、考えてみると、三井物産の採用広報が「人」にフォーカスしていることが、入社後に改めて実証された感じですね。

新井田：就職活動中は、OB／OG訪問を通じてなるべく実際の業務に即した話を聞くように意識していました。三井物産は特に、仕事にはいろいろ大変なことや嫌なこともあるけど「人が好き」「会社が好き」とおっしゃる先輩方が多かったという気がします。

古川（浩）：（三井物産の）採用広報には、現役社員の露出度が高いという印象がありました。OB／OG訪問の際はもちろん、合同企業説明会でも各現場の最前線に立つ社員がそれぞれに自分の経験談を語ってくれたんです。修羅場のような現場をどうにか切り抜けた話や、逃げ出したくなるくらい辛い経験も含めて、自分たちがお客様やさまざまなステークホルダーとの関係の中でどんな立場で仕事をしているのか、本当にありのままを話してくれました。

そうした具体的な話を聞くことが、この会社に惚れ込むきっかけにもなりましたし、総合商社の仕事に対する納得感にもつながっていきました。

さらに実際の働き方もイメージしやすかったので、入社後も仕事に違和感を抱かなかったというか、いわゆるリアリティショックみたいなものは感じませんでした。入社前の段階で、商社の仕事の華々しい部分だけではない、その裏に地道な仕事で汗をかく現場があることを認識できたことは、僕には大きかったと思います。

本音で挑んだ合宿選考

――本書の第1章では、今回の採用変革の柱の一つとして、合宿選考について紹介しています（36頁）。2泊3日という時間を一緒に過ごす中で、30分の面接ではわからない学生の本音や本質を見抜き、噛めば噛むほど味の出る、いわゆるスルメ人材を探そうという試みです。新井田さんと鈴木さんは第1回の参加者でした。どうお感じになりましたか？

新井田：合宿選考と言われても、事前にプログラムを渡されるわけではないので、どんなことをやるのかまったく想像ができませんでした。そこで大学のキャリアセンターに相談に行ったんです。そうしたら「それはちょっと何をやるかわからないから、一生懸命ゴミ拾いとかしたほうがいいよ。そういうところで自己アピールしてくるんだ！」と言われて。本当によくわからないまま、とにかく「頑張ろう！」という気持ちだけで参加しました。実際には課題が多すぎて、ゴミ拾いどころではなかったですけどね（笑）。

でも、合宿選考はすごく楽しかったです。5～6人で一つのグループになって、課題についてディスカッションし、最終日にその成果を発表するプログラムがあって、バックグラウンドの違う初対面の大学生同士が熱く議論を交わしながら、その過程でときには正面からぶつかることもある……なんて、それまでに経験したことがなくて、とてもおもしろかったです。私はこういうことが得意だったんだなとか、あそこはもっとこうしておけばよかったなとか、いろいろな発見のある濃い3日間でした。

鈴木：私の場合は非常に緊張してしまって、最初はうまく立ち回れませんでした。合宿選考の中に、修羅場体験プログラム（44頁）があったんですけど、もう本当に萎縮してしまって。入社して総合商社の仕事を知った今になって考えれば、あのときの修羅場は大したことないなと思えるのですが（笑）。同じグループ

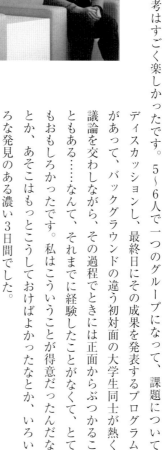

グループワーク後の最終発表の様子（合宿選考にて）

の中にすごくうまく対応できている子がいて、「あぁ、こんなに差が出るんだ」と愕然としてしまって落ち込んだことを覚えています。

ただ、逆にそこで吹っ切れたというか、当時の自分としては壮絶な体験だったわけですけど、残り2日間まるまる残っているんだったら、あとはやりきるしかないと、（気持ちを）切り替えることができました。すべてのプログラムを終えたとき、たとえ合格しなくてもこの合宿選考を受けて良かったと思えるくらい、私にとって良い経験でした。

また、私の場合には、先ほどもお話した通り、修羅場体験プログラムはうまくこなせませんでしたが、その後のグループディスカッションには純粋に没頭することができたこともあって、3日間という時間の中で自分のパフォーマンスが変化していったのが自分でもわかりました。（面接員には）選考の最初の段階で「この人は○○だ」と決めつけずに、本当に多面的に丁寧に見ていただけたという印象があります。

古川（浩）：僕は合宿選考には参加せず、インターンシップの後で通常選考を受けて入社したという流れでしたが、インターンシップでも合宿選考と似たようなプログラムを経験しました。学生にとっては考えたこともないテーマで、それまでに経験したことのない大量のタスクに対して頭をふりしぼって取り組まなければならないので、どうしても追い込まれるんですよね。だから、自分の本性が自然と出てしまうんです。

新井田：取り繕っている場合じゃなかったよね（笑）。

鈴木：うん、隠せない（笑）。

古川（浩）：がむしゃらにでもどうにかしないと、何も動かなくなってしまうんですよね。（新井田さんと鈴木さんは合宿選考で）選考されているという感覚はありましたか？

新井田：いや、あまりなかった気がします。自己アピールしなきゃなんていう余裕もないほどでした。

鈴木：途中からそういう意識もなくなって、目の前の課題に没頭していった感じです。一緒に合宿選考に参加していた学生には、初日はグループの先頭に立ってみんなをまとめていて、「あぁ、この人はすごく頭のいいできる人なんだな」と思っていたら、どんどん疲弊していって、最終日には「ちょっとバテてるのかな？」みたいな人もいました。3日という時間は、本来の姿が現れるまでに必要な時間だったんだなと思いました。

古川（浩）：本来なら、自分の本音を知ってもらえるって嬉しいことだと思うんです。（三井物産の）面接中にも感じたことですが、僕の発言に対して、面接員の人が「なぜそう考えたの？」「そこまでやるのに、どういうプロセスを踏んだの？」「そのプロセスはどうやって思いついたの？」と、本質を突く質問でどんどん深堀りしてくれたんです。僕は「すごい聞いてくれるじゃん！」って嬉しかったんですよね。そこまで知りたいと思ってくれているんだなって。表面を取り繕っている人からすれば、絞り出すだけの本音がないので、圧迫面接だと受け取る部分かもしれないですけどね。

鈴木：合宿選考では面接員を務める社員の方と面談する機会があって、そこでフィードバックを受けたり、（逆に自分の方から面接員に）自己評価を伝えられたりしたのもよかったです。

古川（浩）：フィードバックをもらえたのはよかったですよね。

新井田：私も、まだ入社するかどうかもわからない学生に対して、こんなに真摯にアドバイスをくださるんだなっていうのがすごく印象的で、感銘を受けました。

鈴木：合宿選考と比べることはできないかもしれませんが、他社の選考では瞬発的なロジカルシンキングが試されるようなグループワークが用意されていました。その点、三井物産では学生を見ている視点がちょっと違うのかなと思いました。

新井田：それまでの経験と志望動機をロジカルに結びつけて面接員にアピールするのが得意な人と得意でない人がいると思うんです。私はどちらかというと後者で、もちろん留学していた経験から国際的な仕事に就きたいという希望はありましたけど、じゃあ具体的に何を……っていうことは、総合商社の仕事をよく理解していなかったこともあって説明が難しかったんです。

他社の面接では、その点を結構ロジカルに詰められて困ったこともあったんですけど、三井物産の場合には、チャレンジスピリットというか、本質の部分を見てくださって、その部分を応援してくださったのかなというのが、私の印象です。

古川（浩）：僕もどちらかというと、スキルよりも想いで仕事をしたいタイプの人間なので、それを汲み取っていただけたのかなと思います。
僕には「食を通じて世界の人々の幸せを最大化する」という人生のテーマがあるんですが、面接では「このテーマを三井物産で実現するにはどうしたらいいですか？」って、逆に面接員の方に質問したりしていましたね（笑）。

必要なのは好奇心と、こだわる力

――本書では、当社が求める人材要件として、①課題形成力、②課題解決力、③やりきる力、を挙げています。入社後3年間、実際に物産パーソンとして働いてみて、必要な力、求められている力はなんだと感じていますか？

新井田：たとえば就職活動中の学生さんがこの本を読んで、三井物産に入社したいと思ってくれて、そのために、じゃあ「課題形成力を鍛えます」「課題解決力を身につけます」「やりきる力を磨きます」など、そのために何かをするっていうのはおかしな話で。順番が違うと思うんです。何かやりたいことが先にあって、その実現のために課題解決力ややりきる力を持っています、という順番だと思うので。

ですから、学生のうちは自分がおもしろいと感じたものにどんどん手を出して、一生懸命にやってみるのが一番いいと思います。学生時代にとことん突き詰める経験をしていると、入社後にそれが仕事に取り組む姿勢として活きてくるんじゃないかなと。

三井物産という会社は、若手にもどんどん発言の場を与えられる会社です。新入社員にはメンターがついて、一対一でいろいろと指導してくれます。私自身、本当に細かいところまで指導を受けて、時には反抗したり、ぶつかったりしたこともあったんですけど、それでもまだ言ってくれる。本当にありがたいことだなと思います。そういうときに、自分がとことん突き詰めて考え抜いた意見であれば、真っ向から主張することができるんです。違ったなと思えば、反省することもできますしね。

古川（浩）：僕の言葉に置き換えると、好奇心ですね。結局、好奇心がないと新しい仕事も生まれないと思います。仕事そのものやお客さんに対して好奇心をもつことで、もっと深く知りたいと思ったり、疑問を抱いたり、そうやって深掘りして考えていく先に課題が見つかる。

「目の前のこのお客さんをどうしたら助けられるんだろう?」とか、「どうしたらこの業界をもっと活性化できるんだろう?」とか、視野を広げる意味でも好奇心はもっていた方が楽しく仕事ができると思います。結果的に、そういう人の方が、新たなビジネスを見つける可能性は高いんじゃないかな。

鈴木：私は、受け入れること、問い続けること、こだわることが大切かなと思っています。私がいま従事している業務は、石炭の輸入や物流、トレーディングの仕事が主なんですけれども、(入社以前は)商社の仕事もよくわかっていなかった人間なので、まさか自分が石炭業界に入るなんてことはまったく想像していなくて。金属資源って

なんだろう……っていうところから始まりました。それでも、自分の置かれたその場所を受け入れ、さらに受け入れたものを問い続けたことで、今では「石炭が好き」と言えるほど（笑）、おもしろい商材だと感じるようになりました。

そして、本当に追求したいことが見つかったら、こだわる力がないと誰がやっても同じ仕事になってしまいます。石炭についてだんだん知るうちに、これはと思う課題が見つかって、自分なりのこだわりをスプーンの一さじのように加えることで良い仕事ができるようになっていくんじゃないかなと思います。まだ3年間の浅い経験の中での話ですが。

古川（浩）：先程も少し触れましたが、僕が仕事をするうえでずっとテーマにしているのは「食を通じて世界の人々の幸せを最大化する」ということです。

今は（食そのものではなく）、コンビニエンスストアで販売されているお弁当の容器をつくっています。その容器の樹脂はどこから来ているのかって考えると、もちろん日本ではなくて、海外から輸入された原材料を加工して一つの製品として手元に届き、それが全国のコンビニエンスストアに配送されて、お客様の手にわたる。そのすべての過程にいろいろな人が関わっていて、それが一人ひとりの仕事でもある。同じことは、いま着ているこのシャツ、いま座っているこの椅子、いま手にしているこの鉛筆にも言えます。すべて誰かの仕事の結果なわけです。総合商社で働くと、そうしたビジネスとビジネスのつながりや、その一つひとつにいろいろな人が関わっていることを感じられるようになります。そして、目の前の仕事に一生懸命に取り組むことが、いつの間にか世界に貢献していることになっているんだなと考えられるようになりました。

3年間働いてみて、より深くこの業界に惚れ込みましたし、自分の扱っている商材が好きになりました。それをふまえたうえで、これからは「世界中の未来をつくる」という三井物産のMVV（経営理念）に向けて「自分にできることは何だろう」っていうことを考えてワクワクしている状態です。そうなってくると、今の自分のちっぽけな姿が……。もっと頑張らなきゃと思います。

新井田：私は今、再生可能エネルギー発電事業の担当です。本来だったら「世界の未来のために」とか大局観をもって考えなきゃいけないのかなと感じる部分もあるものの、先ほど古川君も言ってくれたように、日々は目の前の仕事に一生懸命という感じです。

ただし、自分や当社の利益のためでもなく、〝For the Project〟という視点は常に判断基準としています。この「そのプロジェクトにとって、本当にベストなことは何だろう?」ということは考え続けるようにしていますね。

鈴木：私が担当している商材の石炭は、鉄をつくるための材料になります。その鉄が世界中のビルの骨格や、たくさんの人の移動を助ける飛行機に使われているんだと思うと、日々の仕事が世界につながっていることを意識できますし、考えさせられる部分でもあります。

さらには、炭鉱が一つできると、都市とのあいだに道路が通り、雇用が生まれて、学校が建てられ……、そうやって街が一つできあがっていきます。それを目の当たりにすると、石炭業界という産業自体がその国の経済だけではなく、人の暮らしも生み出しているんだと新鮮な驚きを感じることがよくあります。同時に責任も感じます。

一方、ＥＳＧ意識の高まりにより、全世界的に低炭素化が急務となっている中、自身の仕事のあり方に関し考えさせられる点も多々あります。当社は火力発電の原料となる一般炭事業からは撤退していて、私が担当しているのは鉄を作るときに使う原料炭と呼ばれるものです。現在、商用化されている製鉄法では依然として原料炭が重要な役割を占めているので、先ほど述べたような矜持を持ってしっかり取り組むように心がけています。

同時に、20年・30年先に何が必要になっているかを見据えて仕事ができたらと思っています。古い業界ですから、将来的には変わっていかなくてはいけない部分もあります。しかし、どんな変革が必要なのかは、新たな人、地域、国と関わっていく中できちんと見極めていかなくてはいけないと、身が引き締まる思いです。

――3人の話を聞いて、我々の採用変革は間違っていなかったと確信しました。

先程も少し触れられていましたが、当社のMVVの一つ「世界中の未来をつくる」で言うところの〝未来〟については、いまいる場所からどちらの方向に一歩を踏み出すのか、その足先がどちらに向いているのかを意味するすぐ目の前の「未来」の話と、中長期的なスパンでの「未来」の話の両方があると思います。少し先の未来を見据えながら、着実に次の一歩を踏み出すことが大切だと思っています。そうした試行錯誤やチャレンジを通じて、一人ひとりの未来もどんどん培われていく。それが物産パーソンとして働くことの醍醐味だなと、みなさんの話をうかがっていて改めて感じました。

今後の活躍を期待しています。今日はありがとうございました。

おわりに

三井物産の採用変革の挑戦から、日本の未来を創造する

三井物産は、本書でご覧いただいた採用選考の新たな仕組みづくりを通して、社会に貢献したいと考えています。しかしながら、どんなに慎重な仕組みを構築したとしても、人間のやることです。ゼロリスクにすることは不可能です。また人間関係と同じく、企業と個人との相性も実際に働いてみないとわかりません。入社後にミスマッチに気づくケースもあります。たとえば、自分の理想と現実とのギャップを埋めることができない新入社員も出てきます。

そんなリアリティショックに対応するため、我々はよく、内定式で「信頼の貯金」のことを話します。

大学の部活動やサークルで大きなイベントを開催することが決定したとき、先輩であるあなたは、ふだんから真面目に役割をこなす後輩と活動をさぼってばかりいる後輩のどちらに任せようとしますか? きっと前者を選ぶはずです。企業も同じです。だから、学生の頃に抱いてい

た希望やこころざしとは違うと感じても、いったんその夢は忘れ、与えられた仕事を熟《こな》すことで「信頼の貯金」を殖やすことに注力してほしい。それはいずれ、夢の実現につながる糸口となるはずです。

「信頼の貯金」などと言うと古臭いことを……という感想をもつ人がいるかもしれません。しかし、同じことを阪急・東宝グループの創業者、小林一三（１８７３〜１９５７）は、さらに古いこんな言葉で、見事に表現しています。

下足番を命じられたら、日本一の下足番になってみろ。そうしたら、誰も君を下足番にしておかぬ。

つまり、信頼の獲得が本人の成長や活躍につながることは、時代に左右されない、ビジネスにおける真理なのです。適不適の問題ではありません。だから、内定式でこのような話をしています。しかし、それでもなおミスマッチは起こります。

ミスマッチが起こると、現場は対応に苦慮します。配属を離れるようなケースもまれではありません。キャリアプランは変更を余儀なくされ、企業にもさまざまなコストが重くのしかかります。双方に不幸な結果が待ち受けているのです。

そこで、このようなケースでは、我々人事総務部は、配属先の部門に対して、教育を放棄したり、仕事を取り上げたりせず、逆にチャンスと捉えてくださいとお願いします。苦悩する若い社員と「正面から向き合い」「本音による」議論を重ね、一緒に解決の道を探してもらうのです。

甘やかすのではありません。「正面から向き合う」とは、「まだ若いから」と手心を加えず、能力や成果を厳しく評価することです。この評価を元にして、両者がともに納得いくまで話し合い、課題解決に向かって進んでいくのです。

そうすれば、たとえ当社以外に活躍の場を見出すという結論に至ったとしても、その後のキャリア形成はポジティブなものとなります。

こういった入社後の対応もミスマッチを減らすための方策の一つです。採用選考以外にも工夫の余地はまだまだあります。三井物産は、それらの課題や可能性を丁寧に見つけ出し、解決に向けて努力を続けています。

幸いなことに、合宿選考で入社した若手はもちろん、本書で紹介した新たな手法の採用選考で選び抜いた新入社員の面々はその後、活躍している社員がほとんどです。しかし採用の変革はまだ緒に就いたばかりです。我々は当社の採用システムをさらに洗練させてゆかなければならず、現在の三井物産の採用チームは弛まず挑戦と創造を続け、本書で述べた手法にも多くのアップデートを重ねています。

本書の帯に推薦文を寄せていただいた（株）人材研究所代表の曽和利光氏は、次のような話を聞かせてくれました。


人気企業はどんなやり方でも優秀な人が採用できるため、危機意識が無く、おかしな採用をしているところも多い。

しかし、それはもっと優秀な人が採れるのに気づいていないだけ。

そのおかげで意欲ある新しい企業が優秀な人を採用できるわけです。


ところが、三井物産のような日本を代表する企業が、危機意識を持ち、自己否定をし、採用を変革されてしまっては、他社は手の打ちようがない。

正直、新興企業の人事にとっては、他の人気企業にはあまり読んで欲しくない本でしょう（笑）。

ただ、きっと生半可な気持ちでは真似できません。

彼らが取り組んだ、合宿選考、面接参加者へのフィードバック、性格データ活用、オワハラ・ホットライン、ダイバーシティ採用、複眼選考、レファレンスチェック、すべて相当の労力がかかるからです。

やり遂げるには、考え抜いた末に得る確信と、心の底から人に賭ける情熱が必要です。そこまで人への本気を持ち合わせた三井物産のような会社はどれだけあることか。それが、多くの問題を抱えた日本の将来の浮沈を決めるのではないでしょうか。

本書でご紹介してきたように、当社が時間・コストのみならず、人事総務部以外の社員までをも含めた人的資源を割き、全社的な取組みとして人材採用に力を入れてきたのには理由があります。先行き不透明な時代であっても活躍できる「真の挑戦者」の獲得が、自社の成長につながることは大前提ですが、我々の採用変革が目指すゴールはその先にあるのです。

曽和氏の指摘にもあるように、本音を語る採用で「企業と学生のミスマッチ」をなくし、日本の未来を明るくしたいと本気で考えています。

そして、繰り返し述べているように、日本の新卒採用が抱える問題は三井物産ただ一社だけが解決すればいいというわけではありません。日本中の多くの企業で起きているミスマッチを未然にふせぎ、一人ひとりが活き活きと働き、日本全体が成長することに、微力ながら寄与したい。それが我々の究極の目標です。

そこに到達するまで、この変革は続くでしょう。そして、そうした変革の成果として誕生した新しいビジネスパーソンたちが、これまでの常識が通用しない世界規模の「ニューノーマル」の時代に起こるさまざまな問題や課題を、自らの「挑戦と創造」によって解決する日が来ることを、我々は願ってやみません。

令和3年8月吉日

三井物産株式会社　古川智章

清水英明

著者紹介

古川 智章（ふるかわ ともあき）

三井物産株式会社　広報部　部長

1991年入社。インターネット事業会社の立ち上げなどを経て、2000年（株）e-Zaiko.com 代表取締役副社長、2007年（株）SWING 代表取締役社長、2006年IMJ-Mobile（現IMJ）副社長、2019年（株）三井物産人材開発 代表取締役社長等複数の関係会社の経営者として事業経営に携わる。フランスとベトナムに駐在。2012年 情報産業本部（現ICT事業本部）の事業室長、2015年 Wharton Business School AMP、2016年から人事総務部人材開発室長として採用変革に携わったのち、2020年4月より現職。

清水 英明（しみず ひであき）

三井物産株式会社　人事総務部　次世代人事データプラットフォーム推進室
兼　人事企画室　シニアHRマネージャー

2007年入社。食料本部にて食品原料のトレーディング、海外関係会社の撤退案件対応などを経て、2012年にシンガポールに駐在し、アジア・大洋州地域の事業戦略企画や、各種事業投資案件を担当。2015年、再び食料本部にて各種事業の推進を担当したのち、2017年から人事総務部人材開発室にて採用チームリーダーとして採用変革を推進。2021年1月より現職。

三井物産が変える人材採用

2021（令和3）年 9 月15日　初版1刷発行

著　者　三井物産株式会社 人事総務部

発行者　鯉渕　友南

発行所　株式会社　弘 文 堂　101-0062　東京都千代田区神田駿河台1の7
TEL 03（3294）4801　振 替 00120-6-53909
https://www.koubundou.co.jp/

編集協力　鈴木俊之
カバーデザイン監修　佐藤可士和（SAMURAI）
ブックデザイン　青山修作
印　刷　三報社印刷
製　本　三報社印刷

©2021 MITSUI & CO., Printed in Japan

JCOPY〈（社）出版者著作権管理機構 委託出版物〉
本書の無断複写は著作権法上での例外を除き禁じられています。複写される場合は、そのつど事前に、（社）出版者著作権管理機構（電話03-5244-5088、FAX 03-5244-5089、e-mail：info@jcopy.or.jp）の許諾を得てください。
また本書を代行業者等の第三者に依頼してスキャンやデジタル化することは、たとえ個人や家庭内での利用であっても一切認められておりません。

ISBN978-4-335-45064-8